한 번 봐도 두 번 외운 효과! 두뇌 자극 한자 책

바쁜
빠른

초등학생을 위한

급수 한자

6급 1권

김정미, 강민 지음

밥 먹고 입 벌려 물 마시는 '마실 음'

飲

이지스에듀

저자 소개

김정미 선생님은 서울 교대에서 초등교육을 전공하고, 올해로 20년째 교단을 지키고 있는 선생님이다. 남편 강민 선생님과 함께 《우리집은 한자 창의력 놀이터》, 《한자 무작정 따라하기》 등을 집필하였다.

어원을 그림으로 그려 설명하고 획순에 이야기를 담아 어린 아이들도 한자를 쉽게 익히고 급수를 딸 수 있도록 《바쁜 초등학생을 위한 빠른 급수 한자-8급》 등 바빠 급수 한자 시리즈를 공동 집필하였다.

강민 선생님은 서울대 인문대를 졸업한 후, 컴퓨터 프로그래머로 일하며 한자를 좋아하여 관심을 두다가, 18년 전 첫 아이 태교를 하면서 본격적으로 한자의 모양과 소리와 뜻을 파헤치기 시작했다. 부인 김정미 선생님과 함께 《우리집은 한자 창의력 놀이터》, 《한자 무작정 따라하기》 등을 출간했다. 한자가 쉽게 외워지는 세 박자 풀이말을 고안해 어려운 한자도 노래하듯 풀이말을 읽으면 척척 써낼 수 있도록 하였다.

지금은 LEGO 에듀케이션 공식인증러닝센터 CiC에듀(분당 서현 www.cicedu.co.kr)를 운영하고 있다.

'바빠 급수 한자' 시리즈

바쁜 초등학생을 위한 빠른 급수 한자 - 6급 1권

초판 8쇄 발행 2024년 4월 12일
지은이 김정미, 강민
발행인 이지연
펴낸곳 이지스퍼블리싱(주)
출판사 등록번호 제313-2010-123호
주소 서울시 마포구 잔다리로 109 이지스 빌딩 5층
대표전화 02-325-1722   이메일 service@easyspub.co.kr   팩스 02-326-1723

본부장 조은미   기획 및 책임 편집 정지연, 이지혜, 박지연, 김현주   교정 교열 김혜영   일러스트 김학수
표지 및 내지 디자인 트인글터   전산편집 트인글터   인쇄 보광문화사   마케팅 박정현, 한송이, 이나리
영업 및 문의 이주동, 김요한(support@easyspub.co.kr)   독자 지원 오경신, 박애림

ISBN 979-11-88612-09-3 64710
ISBN 979-11-87370-27-7(세트)
가격 9,000원

* 이지스에듀는 이지스퍼블리싱(주)의 교육 브랜드입니다.
   이곳에 방문하시면 교육 정보도 얻고 다양한 이벤트에 참여하실 수 있습니다.

이지스퍼블리싱 홈페이지 www.easyspub.com   이지스에듀 카페 www.easysedu.co.kr
바빠 아지트 블로그 blog.naver.com/easyspub   페이스북 www.facebook.com/easyspub2014

한 번 봐도 두 번 외운 효과! 30일이면 6급 시험 준비 끝!

한자는 모든 공부의 바탕입니다.

교과서에 나오는 학습 용어의 90% 이상이 한자어입니다. 학년이 올라갈수록 한자를 모르면 교과서를 이해하기가 점점 어려워집니다. 예를 들어, 수학 교과서에는 '직선'과 '반직선'이 나옵니다. '직선(直線)'은 곧게 뻗은 선이고, '반직선(半直線)'은 '반(半)'이 '절반 반'이므로 양방향으로 길게 뻗은 직선의 반, 즉 한 방향으로만 곧게 뻗은 선을 말합니다. 이처럼 한자를 익히면 어려운 수학 용어도 쉽게 기억할 수 있습니다. 주요 과목을 공부하기 전에 필수 한자를 먼저 공부해 보세요! 학습 용어 이해력이 높아져, 이후 모든 과목의 공부에 큰 도움이 됩니다.

급수 시험은 한자 공부에 집중할 수 있는 좋은 계기입니다.

학습의 바탕이 되는 이 한자를 어떻게 공부하면 좋을까요? 어디부터 시작해야 할지 막연하다면 한자 급수 시험을 계기로 공부해 보세요.

〈바빠 급수 한자 - 6급〉은 6급 시험에 새로 나오는 한자 150자를 다뤘습니다. 6급 시험에는 8·7급 한자도 나옵니다. 그래서 이 책의 문제는 8·7급 한자가 녹아 있는 문장으로 구성했습니다. 8급과 7급 한자를 전혀 모른다면 바빠 급수 한자 시리즈 8급, 7급 1·2권을 먼저 공부한 후 6급 시험을 준비하는 게 좋습니다.

6급 한자까지 배우면 초등 교과 공부의 바탕이 되는 기초 한자 300자를 배운 셈이 됩니다. 8·7급 150자, 6급에 새로 나오는 한자 150자를 모두 익히면 초등 교과서 용어를 대부분 이해할 수 있습니다.

한자 학습의 지루함과 암기의 어려움을 해결하는 6가지 방법

그런데 문제가 있습니다. 한자도 공부인지라 지겹다는 것과 또 하나는 힘들게 공부해도 다음 날이면 잊어버린다는 겁니다. 이를 해결하기 위해 연구에 연구를 거듭한 결과물이 바로 이 책입니다.

1. 한자의 획을 그림으로 구현

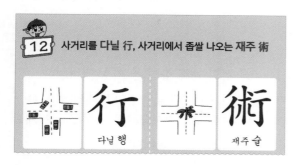

이 책은 '한자의 획'을 '그림의 선'으로 그려, 그림을 몇 번 보면 한자를 쉽게 익힐 수 있습니다. 이와 같은 방법으로 익히면 한자를 읽을 때 자연스럽게 그림과 함께 한자의 뜻을 떠올릴 수 있습니다.

2. 암기 효과를 2배로 높여 주는 '세 박자 풀이말'!

한 획 한 획을 쓸 때 운율이 있는 풀이말을 붙여 놓아 이야기를 기억하면 한자가 자연스럽게 써집니다. '사거리 왼쪽과 오른쪽으로 다닐 행(行)'처럼 한자마다 풀이말을 붙여 외우면 기억에 오래 남습니다.

3. 물방울에 지워진 한자를 살려내듯 기억에 오래 남는 한자 쓰기

베껴 쓰듯 공부하면 머리에는 남지 않고 손만 아픈 공부 노동이 됩니다. 인지 학습 분야 전문가의 말에 따르면 학습에 적정한 어려움이 있을 때 기억에 오래 남는다고 합니다. 이 책은 물방울 모양이 적정한 어려움으로 작용해, 학습자의 뇌리에 학습한 한자가 오래 남습니다.

4. 교과서 문장으로 다시 한 번 확인하여 어휘력 향상까지!

외운 한자를 교과서 문장을 통해 확인해 보세요. 교과서에서 본 용어와 일상적으로 쓰는 어휘에서 한자를 발견하고, 한자를 통해 어려운 개념을 더 쉽게 이해할 수 있습니다.

5. 망각하기 전에 다시 기억하도록 복습 단계 구성!

앞에서 배운 한자가 다음 과에 나와 복습이 저절로 되도록 구성하였습니다. 이런 과정이 반복되어야 뇌에서는 단기 기억을 장기 기억으로 바꿉니다. 특히, 총정리 01~05는 다섯 과를 학습할 때마다 복습하도록 짜여 있어서 다섯 과에서 공부한 한자는 반드시 기억할 수 있도록 했습니다.

6. 빈출! 한자어 쓰기 및 모의시험 2회 수록

한자어 쓰기는 6급 시험 문제 유형 중 가장 어려워하고 많이 틀리는 문제입니다. 이 책의 부록인 '빈출! 한자어 쓰기'는 시험에 자주 나온 한자어 순서대로 학습하도록 설계되어 공부 시간 대비 효율을 높여 줍니다.
또한 기출 수준의 모의시험이 2회 수록되어 있어 자신의 실력을 확인하고 보완할 수 있습니다.

한자능력검정시험을 보기 전에 알아 두면 좋아요!

1. 시험 일정은?

보통 2월, 5월, 8월, 11월 넷째 주 토요일에 실시합니다. 교육급수 시험(4급~8급)의 시험 시간은 오전 11시, 공인급수 시험(특급~3급Ⅱ)은 오후 3시로 서로 다릅니다. 또한 매년 시험 날짜가 바뀔 수 있으므로 반드시 한국어문회 홈페이지(www.hanja.re.kr)에서 확인해야 합니다.

2. 6급과 6급Ⅱ는 다른가요?

한자능력검정시험은 교육급수(4급~8급)와 공인급수(특급~3급Ⅱ)로 나뉩니다.

교육급수에 해당하는 6급과 6급Ⅱ는 각각 별도의 급수입니다. 급수Ⅱ는 상위 급수와 하위 급수 배정한자 수의 차이를 줄이기 위한 급수입니다. 6급Ⅱ와 6급 배정 한자에는 8, 7급 배정 한자 150자가 포함되어 있습니다. 모든 급수 한자는 아래 급수에서 배운 한자를 포함합니다.

급수	읽기	쓰기
8급	50	0
7급Ⅱ	100	0
7급	150	0
6급Ⅱ	225	50
6급	300	150
5급Ⅱ	400	225
5급	500	300
4급Ⅱ	750	400
4급	1,000	500

3. 어떤 유형의 문제가 나오나요?

6급은 한자의 소리(음)를 묻는 독음 문제와 한자의 뜻과 소리를 동시에 묻는 훈음 문제가 60%입니다. (90문항 중 55문항)

8, 7급과는 달리 6급에서는 한자어 쓰기가 20문제나 출제됩니다. 한자어 쓰기 문제는 8, 7급 배정한자 150자에서 출제되므로 본문 학습 외에 별도 학습이 반드시 필요합니다.

이 외에 반의어, 한자어 완성, 동의어, 동음이의어, 뜻풀이, 필순 문제가 총 15문제 출제됩니다.

6급Ⅱ는 6급과 비슷하나 훈음 문제의 비중이 6급에 비해 많고 한자어 쓰기 문제의 부담이 다소 적습니다.

유형	8급	7급Ⅱ	7급	6급Ⅱ	6급
독음	24	22	32	32	33
훈음	24	30	30	29	22
반의어	0	2	2	2	3
완성형	0	2	2	2	3
유의어	0	0	0	0	2
동음이의어	0	0	0	0	2
뜻풀이	0	2	2	2	2
한자 쓰기	0	0	0	10	20
필순	2	2	2	3	3

4. 시험 시간 및 문항 수는 어떻게 되나요?

시험 시간은 50분이고, 합격 기준은 70점 이상입니다. 즉, 6급은 총 90문항 중 63문항, 6급Ⅱ는 총 80문항 중 56문항 이상 맞히면 합격입니다.

급수	출제 문항	합격 문항
8급	50	35
7급Ⅱ	60	42
7급	70	49
6급Ⅱ	80	56
6급	90	63
5급Ⅱ·5급·4급Ⅱ·4급	100	70

5

 **목차**　바쁜 초등학생을 위한 빠른 급수 한자 - 6급 1권

나만의 6급 한자 1권 공부 일정표

• 공부를 끝낸 후, 배운 한자를 쓰면서 정리해 보세요.

날짜	배운 한자 쓰기	날짜	배운 한자 쓰기
/	太	/	
/		/	
/		/	
/		/	
/		/	
/		/	
/		/	
/		/	
/		/	
/		/	

'바빠 급수 한자 6급' 1, 2, 3권을 한 권에 10일씩, 30일만 공부하면 6급 자격증을 딸 수 있어요.

1권 공부 계획을 세워 보세요.	
시험이 코 앞! 집중하면 10일 안에 끝낼 수 있어요. **3과씩** 공부하세요.	10일 완성
6급 시험을 차근차근 준비하고 싶나요? **하루 2과씩** 15일 안에 공부하세요!	15일 완성
하루에 1과씩 한자를 공부하세요. 공부 습관을 만들며 시험을 준비해 보세요!	30일 완성

한자를 쓰는 순서, 필순을 알면 쉽다!

필순을 왜 공부해야 할까?

처음 한자를 공부하면 한자를 쓰는 일이 어렵게 느껴집니다. 한글과는 달리 일정한 규칙이 없는 것처럼 느껴지니까요. 하지만 한자도 쓰는 규칙이 있습니다. 필순은 붓(筆)으로 획을 쓰는 순서(順)를 말합니다. 오랜 세월 한자를 쓰는 동안 자연스럽게 필순이 정해졌습니다. 한글보다 획이 많은 한자는 필순에 맞게 써야 쓰기도 편하고 글자 모양도 아름답습니다.

필순의 7가지 규칙

이 책에서는 기본 규칙을 7가지로 정리했습니다. 필순을 외우려고 애쓰기보다는 앞으로 배울 한자를 자연스럽게 쓰기 위해 가볍게 살펴보는 정도로 학습하면 됩니다. 바빠 6급 한자 속 풀이말을 따라 공부하면 자연스럽게 필순을 익힐 수 있습니다.

1. 가로획과 세로획이 만날 때는 가로획을 먼저 씁니다.

예 古(예 고), 苦(쓸 고), 共(한가지 공)

2. 口(입 구)와 비슷한 한자는 몸(冂)을 먼저 쓰고 안은 나중에 씁니다.

예 圖(그림 도)

3. ㅣ(갈고리)가 글자의 한가운데 오면 갈고리 모양을 맨 먼저 씁니다.

예 小(작을 소)

4. 양쪽 점을 먼저 씁니다.

火 불화	① 丶 丶丶② 少 火

5. ㇏(오른점삐침)은 오른쪽 위에서 왼쪽 아래로 내려 긋습니다.

死 죽을 사	一 厂 歹 歹 歹 死

6. ノ(삐침)을 먼저 쓰고 ㇏(파임)을 나중에 씁니다.

交 사귈 교	丶 亠 六 六 亥 交

㉮ 敎(가르칠 교), 校(학교 교)

7. 글자 가운데를 뚫고 지나가는 획은 마지막에 씁니다.

中 가운데 중	丨 冂 口 口 中

㉮ 軍(군사 군), 半(반 반)

이 외에도 '위에서 아래로 쓴다', '왼쪽에서 오른쪽으로 쓴다'는 규칙이 있으나 자연스럽게 익힐 수 있으므로 다루지 않았습니다. 또한, 필순에 예외가 많으므로 한자를 쓰는 기본 규칙을 알아 두는 정도로 학습하는 것이 좋습니다. 본격적인 한자 학습 시에는 풀이말로 한자를 외우는 방법이 효과적입니다.

필순 퀴즈

다음 한자는 어떤 순서로 쓸까요?

古	① 一 十 古 古 古
	② 丨 十 古 古 古

① 냠장

01 큰 사람보다 더 클 太, 팔 벌린 채 다리 엇걸고 사귈 交

클 태

사귈 교

클 태는 팔 벌린 큰 사람에(大) 한 점을 더 찍어(﹑) 더 큰 것을 나타내요.

사귈 교는 사람이 팔 벌린 채(亠) 다리를 어긋나게 걷고 있는(父) 모습이에요. 서로 어울려 사귀는 것을 가리켜요.

 풀이말을 큰 소리로 읽으며 획을 따라 쓰세요.

따라 써 봐!

큰 사람에	한 점을 더 찍어 큰	클 태

클 [ ]

亠 六 交 交

머리 들고 팔 벌린 채	다리 엇걸고 서로 만나는	사귈 교

사귈 [ ]

 大(큰 대)와 太(클 태)는 둘 다 크다는 뜻이에요. 交(사귈 교)는 交感(사귈 교, 느낄 감, 서로 느낌), 交通(사귈 교, 통할 통, 서로 통함)에서 보듯 '서로'라는 뜻이 있어요.
유의어 大(큰 대) ― 太(클 태)

10

물방울 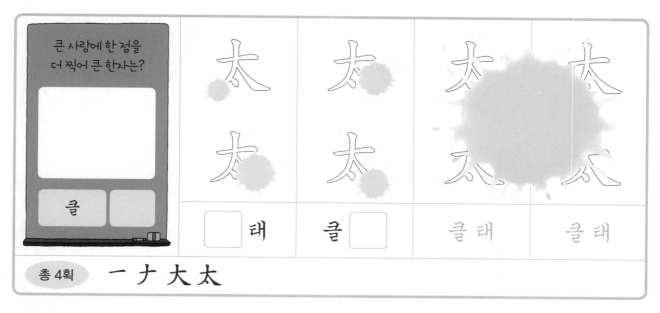 에 가려진 한자를 필순에 맞게 쓰고, 빈칸에 알맞은 훈과 음을 쓰세요.

큰 사람에 한 점을 더 찍어 큰 한자는? 클	太 太	太 太	太 太	太 太
	□ 태	클 □	클 태	클 태

총 4획   一 ナ 大 太

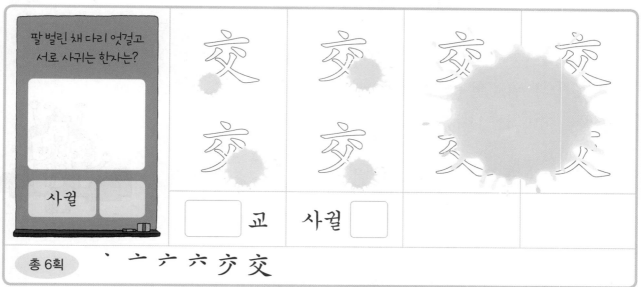

팔 벌린 채 다리 엇걸고 서로 사귀는 한자는? 사귈	交 交	交 交	交 交	交 交
	□ 교	사귈 □		

총 6획   ﹑ 一 宀 六 亣 交

 한자의 음을 쓰세요.

❶ 큰 볕을 주는 **太陽**   양

❷ 서로 대신하는 **交代**   대

❸ 아주 먼 옛날 **太古**   고

❹ 서로 오고가는 **交通**   통

❺ 크고 평평한 **太平洋**   양

❻ 가까이 사귀는 **親交**   친

예습! 6급 한자   陽(볕 양) 代(대신할 대) 古(예 고) 通(통할 통) 洋(큰 바다 양) 親(친할 친)   복습! 한자   平(평평할 평)

소리 내어 문장 읽기	한자 음 쓰기
❶ 지구는 하루 한 바퀴 **太陽** 주위를 돕니다.	☐ 양
❷ 독도 경비대는 2개월마다 **交代**로 근무합니다.	☐ 대
❸ 이 땅은 **太古** 때부터 우리 **民**족이 살던 곳입니다.	☐ 고 , ☐ 족 • 民(백성 민)
국어3 ❹ 우리가 안전하게 등교할 수 있는 것은 **交通**경찰 아저씨 덕분이랍니다.	☐ 통
❺ **太平洋** 위를 날아가는 동안 우리는 줄곧 이야기를 나누었어요.	☐☐ 양
❻ 사람들과 **親交** 맺는 법을 알아야 단체 생활을 잘할 수 있습니다.	친 ☐

도전! 6급 시험 다음 밑줄 친 단어의 한자를 〈보기〉에서 고르세요.

〈보기〉   ① **太古**   ② **交代**   ③ **交通**   ④ **親交**   ⑤ **太陽**

1. 태양은 스스로 빛을 냅니다. _____

2. 교통이 발달한 도시에는 차들이 많아요. _____

3. 우리가 친교를 맺은 지 벌써 10년이 되었어요. _____

4. 이웃끼리 교대로 청소를 합니다. _____

02 짧고 길게 말하는 말씀 言, 사람의 말을 믿을 信

말씀 언

믿을 신

말씀 언은 짧고 길게(二) 한 마디 한 마디(二)
또박또박 말하는(口) 것을 나타내요.

믿을 신은 사람의(亻) 말을(言)
믿는 것을 나타내요.

 풀이말을 큰 소리로 읽으며 획을 따라 쓰세요.

따라 써 봐!

| 짧고
길게 | 한 마디
한 마디 | 입 벌려 말하는 | 말씀 언 | 말씀 ☐ |

| 사람의 | 말을 | 믿을 신 | 믿을 ☐ |

語(말씀 어)는 言(말씀 언)에 吾(나 오)를 더해 내가 말하는 것을 나타내요.
話(말씀 화)는 言(말씀 언)에 舌(혀 설)을 더해 혀를 놀리며 재미있게 말하는 것을 나타내요.
유의어 言(말씀 언) ― 語(말씀 어), 言(말씀 언) ― 話(말씀 화)

13

물방울 ⬤ 에 가려진 한자를 필순에 맞게 쓰고, 빈칸에 알맞은 훈과 음을 쓰세요.

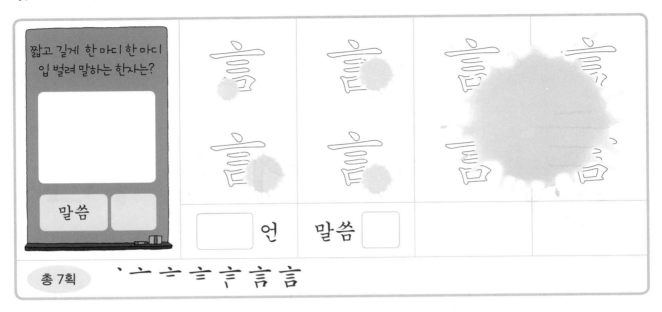

짧고 길게 한 마디 한 마디
입 벌려 말하는 한자는?

말씀

총 7획 　丶亠亠言言言言

□ 언　　말씀 □

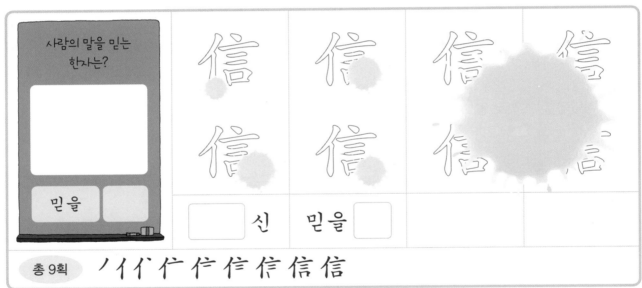

사람의 말을 믿는
한자는?

믿을

총 9획 　ノイイ仁仁仨信信信

□ 신　　믿을 □

 한자의 음을 쓰세요.

❶ 생각과 감정을 전하는 言語 ⬜

❷ 믿고 쓰는 信用 　용

❸ 말과 행동 言行 　행

❹ 옳다고 믿는 바 所信 ⬜

❺ 말실수 失言 　실

❻ 전기 신호를 전하는 電信 ⬜

예습! 6급 한자　用(쓸 용) 行(다닐 행) 失(잃을 실)　복습! 한자　語(말씀 어) 所(바 소) 電(번개 전)

문장을 소리 내어 읽고 한자의 음을 쓰세요.

소리 내어 문장 읽기	한자 음 쓰기
❶ 言語는 사람의 생각과 감정을 표현하는 도구입니다.	☐ ☐
과학 3 ❷ 信用 카드의 검은색 띠는 쉽게 자화될 수 있는 물질로 이루어져 있습니다.	☐ 용
❸ 이 학생은 언제나 言行이 일치해서 사람들에게 칭찬을 받습니다.	☐ 행
❹ 우리 사회에는 所信껏 일하는 사람이 필요합니다.	☐ ☐
❺ 형은 잦은 失言으로 신뢰를 잃었어요.	실 ☐
❻ 電信의 발달로 生活이 편리해졌습니다.	☐ ☐ , ☐ ☐ • 生(날 생) 活(살 활)

도전! 6급 시험 다음 밑줄 친 단어의 한자를 〈보기〉에서 고르세요.

〈보기〉 ① 言行 ② 電信 ③ 信用 ④ 所信 ⑤ 失言

1. 신용 카드로 물건을 샀습니다. _____
2. 자신의 소신대로 투표를 했습니다. _____
3. 저의 실언을 용서해 주세요. _____
4. 우리는 항상 언행을 조심해야 합니다. _____

1.③ 2.④ 3.⑤ 4.①

가르칠 훈

읽을 독

가르칠 훈은 말을(言) 냇물 흐르듯(川) 줄줄 하며
가르치는 모습을 나타내요.

읽을 독은 말하며(言) 책 읽는 모습으로
선비가(士) 네 구절씩(四) 돈 세듯(貝)
읽는 것을 나타내요.

 풀이말을 큰 소리로 읽으며 획을 따라 쓰세요.

따라 써 봐!

			訓
말을	냇물 흐르듯 줄줄 하며	가르칠 훈	가르칠 ☐

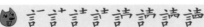

				讀
말하며	선비가 책을 네 구절씩	돈 세듯	읽을 독	읽을 ☐

 訓(가르칠 훈)에서 川(내 천)은 냇물이 흐르는 모양을 나타낸 글자예요.
讀(읽을 독)은 言(말씀 언), 士(선비 사), 四(넉 사), 貝(조개 패)를 더한 글자예요. 貝(조개 패)는 조개 모양을 본뜬 글자인데, 조개가 옛날에 돈으로 사용되어 '돈'의 뜻이 있어요. 讀(읽을 독)에는 '구절 두'라는 훈음도 있어요.

유의어 訓(가르칠 훈) ― 敎(가르칠 교)

16

물방울 ● 에 가려진 한자를 필순에 맞게 쓰고, 빈칸에 알맞은 훈과 음을 쓰세요.

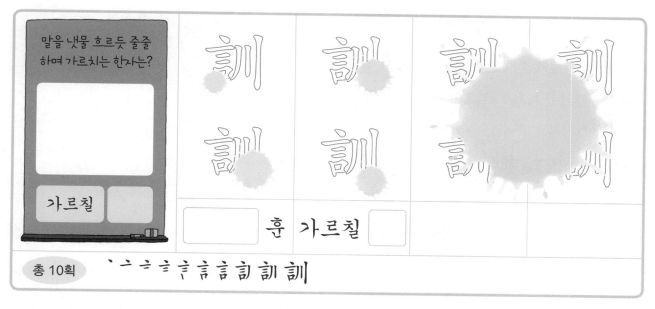

말을 냇물 흐르듯 줄줄 하며 가르치는 한자는?				
가르칠	訓	訓	訓	訓
	訓	訓	訓	訓

훈 가르칠 □

총 10획　`ㄱㄱ 主 主 言 言 言 詶 訓 訓

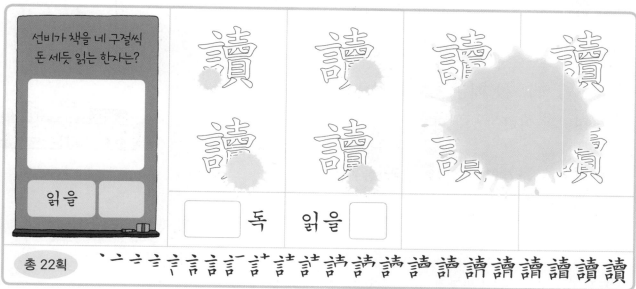

선비가 책을 네 구절씩 돈 세듯 읽는 한자는?				
읽을	讀	讀	讀	讀
	讀	讀	讀	讀

독 읽을 □

총 22획　`ㄱㄱ 言 言 言 言 訪 詰 詰 詰 詰 讀 讀 讀 讀 讀 讀 讀 讀 讀

 한자의 음을 쓰세요.

❶ 가르치는 말씀 訓話 　□

❷ 책 읽기 讀書 　[　서]

❸ 도움이 되는 가르침 敎訓 　□

❹ 읽고 난 뒤 느낌 讀後感 　[　　감]

❺ 학교의 가르침 校訓 　□

❻ 책을 많이 읽는 多讀 　[다　]

예습! 6급 한자　書(글 서) 感(느낄 감) 多(많을 다)　　복습! 한자　話(말씀 화) 敎(가르칠 교) 後(뒤 후) 校(학교 교)

17

문장을 소리 내어 읽고 한자의 음을 쓰세요.

소리 내어 문장 읽기	한자 음 쓰기
❶ 월요일에는 **校長** 선생님께서 **訓話**를 하십니다.	☐ ☐ , ☐ • 校(학교 교) 長(긴/어른 장)
❷ 가을은 **讀書**하기에 좋은 계절이에요.	☐ 서
❸ 독서를 하면서 즐거움과 **教訓**을 얻습니다.	☐ ☐
❹ **讀後感**을 잘 쓰려면 무엇보다도 책을 집중해서 읽어야 해요.	☐ ☐ 감
❺ 우리 학교 **校訓**은 '참되고 새롭고 멋있는 어린이'입니다.	☐ ☐
❻ 책을 읽는 방법에는 **多讀**과 정독이 있습니다.	다 ☐

도전! 6급 시험 다음 밑줄 친 단어의 한자를 〈보기〉에서 고르세요.

〈보기〉　① 訓話　② 教訓　③ 校訓　④ 多讀　⑤ 讀書

1. 학교에 가면 늘 독서를 합니다. ＿＿＿＿＿
2. 민하는 책을 많이 읽어서 다독상을 받았습니다. ＿＿＿＿＿
3. 고전에는 선조들의 교훈이 담겨 있습니다. ＿＿＿＿＿
4. 선생님께서 예절에 관해 훈화하십니다. ＿＿＿＿＿

1.⑤ 2.④ 3.② 4.①

18

04 열씩 묶어 세는 셀 計, 입으로 소리 내는 소리 音

셀 계

소리 음

셀 계는 말하며(言) 열씩(十) 묶어
수를 세는 글자예요.

소리 음은 사람이 서서(立)
입으로 소리 내는(日) 모습을 나타내요.

 풀이말을 큰 소리로 읽으며 획을 따라 쓰세요.

따라 써 봐!

計	計	計	計
말하며	열씩 묶어 수를 세는	셀 계	셀

音	音	音	音
사람이 서서	입으로 소리 내는	소리 음	소리

音(소리 음)에서 立(설 립)은 팔 벌린 채 두 다리를 땅에 딛고 선 사람을 나타내요.

유의어 計(셀 계) ― 數(셈 수)

19

물방울 ○ 에 가려진 한자를 필순에 맞게 쓰고, 빈칸에 알맞은 훈과 음을 쓰세요.

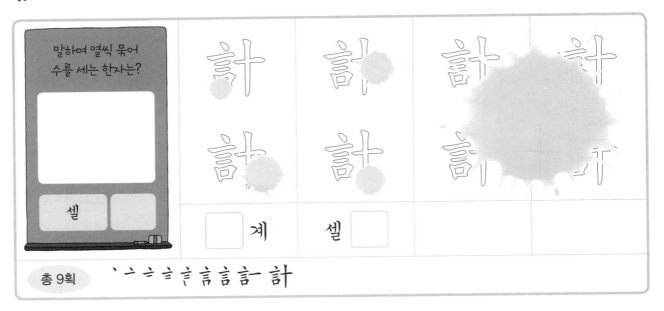

말하며 열씩 묶어 수를 세는 한자는?

셀

□ 계   셀 □

총 9획   `、一二三言言言計

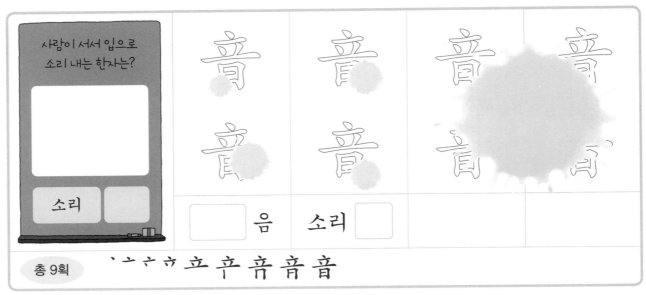

사람이 서서 입으로 소리 내는 한자는?

소리

□ 음   소리 □

총 9획   `、一六立产音音音

 한자의 음을 쓰세요.

❶ 수 세기 計算 [ ]

❷ 높은 소리 高音 고[ ]

❸ 한데 모아 세는 集計 집[ ]

❹ 온음의 반 半音 반[ ]

❺ 시간을 세는 時計 [ ]

❻ 어울리는 소리 和音 화[ ]

예습! 6급 한자 高(높을 고) 集(모을 집) 半(반 반) 和(화할 화)　**복습! 한자** 算(셈 산) 時(때 시)

문장을 소리 내어 읽고 한자의 음을 쓰세요.

소리 내어 문장 읽기	한자 음 쓰기	
수학3 ❶ 216×2를 어떻게 **計算**하는지 수모형으로 알아보시오.		
❷ 삼촌의 목소리는 우락부락한 외모에 걸맞지 않게 **高音**입니다.	고	
❸ 투표용지를 **集計**한 결과, 친구가 1등이었습니다.	집	
❹ 연주자들은 실수로 **半音**을 온음으로 연주했습니다.	반	
❺ 나는 오래된 **時計**를 가지고 있습니다.		
❻ 숲속의 산새들이 아름다운 **和音**을 들려줍니다.	화	

도전! 6급 시험 다음 밑줄 친 단어의 한자를 〈보기〉에서 고르세요.

〈보기〉 ① 計算   ② 集計   ③ 半音   ④ 時計   ⑤ 和音

1. 모눈종이를 사용하여 <u>계산</u>해 봅시다. ＿＿＿
2. 아직 정확한 인원이 <u>집계</u>되지 않았습니다. ＿＿＿
3. 그녀는 <u>반음</u> 내려가는 부분을 어려워했습니다. ＿＿＿
4. 합창을 할 때는 <u>화음</u>이 잘 어우러져야 합니다. ＿＿＿

1.① 2.② 3.③ 4.⑤

05 소리로 마음 표현하는 뜻 意, 소리 열 마디씩 쓰는 글 章

뜻 의

글 장

뜻 의는 소리 내어(音) 마음을 표현해(心)
속뜻이 드러나는 것을 가리켜요.

글 장은 소리를(音) 열 마디씩(十) 모아
글로 쓴 것을 나타내요.

 풀이말을 큰 소리로 읽으며 획을 따라 쓰세요.

따라 써 봐!

`亠 亠 立 立 产 音 音 音`

意	意	意	意
소리 내어	마음을 표현하는	뜻 의	뜻 ☐

章	章	章	章
소리를	열 마디씩 모아 쓰는	글 장	글 ☐

意(뜻 의)에서 心(마음 심)은 심장을 본뜬 글자예요.
[유의어] 章(글 장) — 文(글월 문)

22

물방울 🔵 에 가려진 한자를 필순에 맞게 쓰고, 빈칸에 알맞은 훈과 음을 쓰세요.

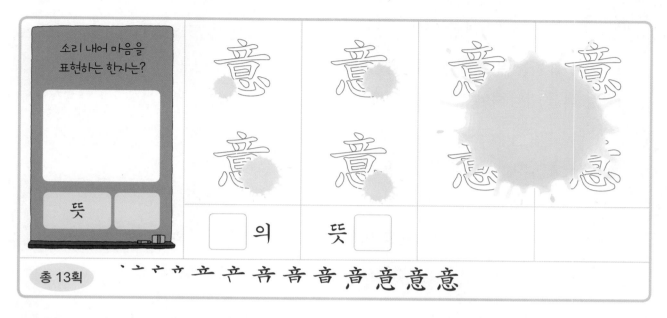

소리 내어 마음을 표현하는 한자는?

뜻

총 13획 ` ㅗ ㅗ 立 产 音 音 音 音 意 意 意

☐ 의   뜻 ☐

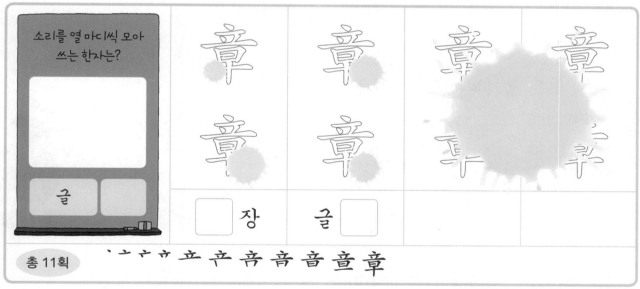

소리를 열 마디씩 모아 쓰는 한자는?

글

총 11획 ` ㅗ ㅗ 立 产 音 音 音 音 童 章

☐ 장   글 ☐

 한자의 음을 쓰세요.

❶ 뜻하고 꾀하는 **意圖** [도]   ❷ 글을 이루는 **文章** [   ]

❸ 뜻이 향하는 바 **意向** [향]   ❹ 시조의 가운데 장 **中章** [   ]

❺ 뜻밖 **意外** [   ]   ❻ 그림과 글을 새긴 **圖章** [   ]

예습! 6급 한자 圖(그림 도) 向(향할 향)   복습! 한자 文(글월 문) 中(가운데 중) 外(바깥 외)

문장을 소리 내어 읽고 한자의 음을 쓰세요.

소리 내어 문장 읽기	한자 음 쓰기
❶ 글의 내용을 잘 이해하려면 글쓴이의 **意圖**를 파악해야 합니다.	☐ 도
국어3 ❷ 중심 **文章**이 잘 드러나게 글을 써 봅시다.	☐ ☐
❸ 아저씨도 이 일에 참여할 **意向**이 있다고 합니다.	☐ 향
❹ 시조는 보통 초장, **中章**, 종장의 3장 6구로 이루어집니다.	☐ ☐
❺ **靑年**은 **意外**의 행운을 얻어 큰 부자가 되었어요.	☐ ☐ , ☐ ☐ • 靑(푸를 청) 年(해 년)
❻ 할머니는 안주머니에서 **圖章**을 꺼냈습니다.	☐ ☐

도전! 6급 시험 다음 밑줄 친 단어의 한자를 〈보기〉에서 고르세요.

〈보기〉 ① **意圖** ② **意向** ③ **文章** ④ **圖章** ⑤ **意外**

1. 길고 까다로운 <u>문장</u>을 알맞게 고쳤습니다. _____

2. 모든 일이 <u>의도</u>한 대로 되지는 않습니다. _____

3. 어르신 <u>의향</u>을 여쭙고 일을 결정했습니다. _____

4. 선생님은 '참 잘했어요.'가 새겨진 <u>도장</u>을 팠습니다. _____

 빈칸에 알맞은 한자와 훈음을 쓰세요.

	訓		章	計
말씀 언		사귈 교		셀 계

		信		讀
뜻 의	소리 음		클 태	

	意	計		
가르칠 훈	믿을 신			글 장

〈보기〉 太 交 言 信 訓 讀 計 音 意 章

① 지구는 ⬜ 양 주위를 돌며 하루 한 바퀴 자전 운동을 합니다.

② 216×2를 어떻게 ⬜ 산하는지 수모형으로 알아보시오.

③ 가을은 ⬜ 서하기에 좋은 계절입니다.

④ 우리의 안전한 등교는 ⬜ 통경찰 아저씨 덕분이랍니다.

⑤ 중심 문 ⬜ 이 잘 드러나게 글을 써 봅시다.

⑥ ⬜ 용 카드의 검은색 띠는 쉽게 자화될 수 있습니다.

⑦ 글의 내용을 잘 이해하려면 글쓴이의 ⬜ 도를 파악해야 합니다.

⑧ 독서를 통하여 즐거움과 교 ⬜ 을 얻습니다.

⑨ 형은 언제나 ⬜ 행이 일치하여 주변 사람에게 칭찬을 받습니다.

⑩ 숲속의 산새들이 아름다운 화 ⬜ 을 들려줍니다.

26

6급 시험 기출 문제

맞힌 개수: /30 개

[1~10] 다음 한자어의 음(音: 소리)을 쓰세요.

<보기> 漢字 → 한자

1. 가을은 **讀書**^서하기에 좋은 계절입니다.
_____

2. **太陽**^양의 힘으로 모든 식물이 자랍니다.
_____

3. 도시에는 **交通**^통이 발달되어 있습니다.
_____

4. 선생님은 **計算**이 빠릅니다.
_____

5. **所信**껏 일하는 사람이 필요합니다.
_____

6. **言行**^행이 일치하여 칭찬을 받습니다.
_____

7. **文章**은 문법에 맞게 써야 합니다.
_____

8. 고전에는 선조의 **敎訓**이 담겨 있습니다.
_____

9. 그런 말을 한 **意圖**가 궁금합니다.
_____

10. 합창은 **和音**이 잘 어우러져야 합니다.
_____

[11~14] 다음 한자의 훈(訓: 뜻)과 음(音: 소리)을 쓰세요.

<보기> 字 → 글자 자

11. **意** _____

12. **讀** _____

13. **信** _____

14. **章** _____

[15~18] 다음 밑줄 친 한자어의 한자를 쓰세요.

<보기> 국어 → 國語

15. 우리는 사이좋은 <u>형제</u>입니다.
_____

16. <u>부모</u>님의 사랑은 바다와 같이 깊어요.
_____

17. 미술실 옆의 <u>교실</u>이 음악실이에요.
_____

18. 오늘은 <u>학교</u>에서 소풍을 갑니다.
_____

[19~20] 다음 한자의 상대 또는 반대되는 글자를 골라 ☐ 안에 그 번호를 쓰세요.

19. 少 : ①言 ②小 ③交 ④老 ☐

20. 後 : ①年 ②下 ③大 ④前 ☐

[21~22] 다음 한자와 뜻이 비슷한 한자를 골라 ☐ 안에 그 번호를 쓰세요.

21. 訓 : ①敎 ②交 ③計 ④讀 ☐

22. 言 : ①意 ②章 ③音 ④語 ☐

[23~24] 다음 ☐ 안에 알맞은 한자를 〈보기〉에서 찾아 그 번호를 쓰세요.

〈보기〉
①太 ②交 ③言 ④信
⑤訓 ⑥讀 ⑦計 ⑧音

23. 一口二 ☐ : 한 입으로 두말함

24. 三十六 ☐ : 서른여섯 가지의 계책

[25~26] 다음 중 소리(音)는 같으나 뜻(訓)이 다른 한자를 골라 ☐ 안에 그 번호를 쓰세요.

25. 章 : ①場 ②言 ③文 ④音 ☐

26. 記 : ①交 ②訓 ③旗 ④意 ☐

[27~28] 다음 한자어의 뜻을 풀이하세요.

27. 計算 _____

28. 信心 _____

[29~30] 다음 한자의 짙게 표시한 획은 몇 번째 쓰는 획인지 〈보기〉에서 찾아 ☐ 안에 그 번호를 쓰세요.

〈보기〉
④ 네 번째   ⑤ 다섯 번째
⑥ 여섯 번째   ⑦ 일곱 번째
⑧ 여덟 번째   ⑨ 아홉 번째

29. 意 ☐

30. 交 ☐

🐱 헷갈리는 한자는 다시 써 보세요.

06 십 년 넘게 전해져 온 예 古, 풀이 오래 자라 쓴 쓸 苦

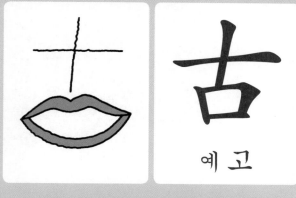

예 고는 십 년 넘게(十) 입에서 입으로(口)
전해 내려온 옛것을 나타내요.

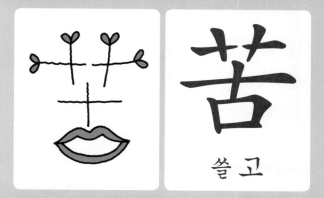

쓸 고는 풀이(++) 오래 자라(古)
맛이 쓴 것을 나타내요.

✏️ 풀이말을 큰 소리로 읽으며 획을 따라 쓰세요.

따라 써 봐!

古	古	古	古
십 년 넘게	입으로 전해 내려온	예 고	예 ☐

`一 十 ++ 艹`

苦	苦	苦	苦
풀이	오래 자라 맛이 쓴	쓸 고	쓸 ☐

🐱 쓸 고(苦)는 풀 초(++)와 예 고(古)를 더한 글자예요. 오래 자란 풀은 맛이 쓰답니다.

물방울 ⬤ 에 가려진 한자를 필순에 맞게 쓰고, 빈칸에 알맞은 훈과 음을 쓰세요.

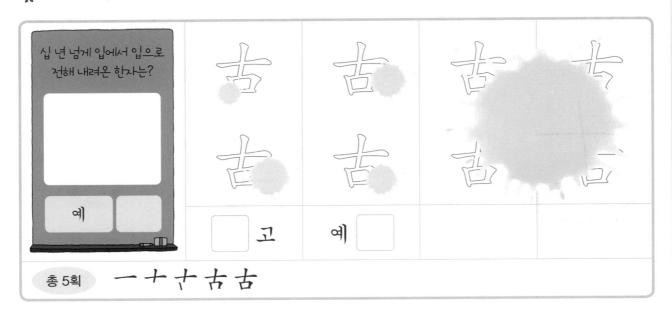

십 년 넘게 입에서 입으로
전해 내려온 한자는?

예

□ 고   예 □

총 5획   一 十 十 古 古

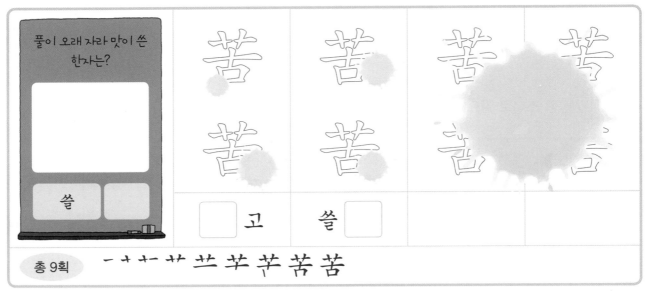

풀이 오래 자라 맛이 쓴
한자는?

쓸

□ 고   쓸 □

총 9획   一 十 十 艹 艹 芊 苦 苦 苦

 한자의 음을 쓰세요.

❶ 오래된 옛 책 **古書**   서

❷ 괴롭고 고된 삶 **苦生**

❸ 옛 시대 **古代**   대

❹ 괴로움과 즐거움 **苦樂**   락

❺ 예전과 지금 **古今**   금

❻ 병으로 생기는 괴로움 **病苦**   병

예습! 6급 한자 書(글 서) 代(대신할 대) 樂(즐길 락 | 노래 악 | 좋아할 요) 今(이제 금) 病(병 병)   복습! 한자 生(날 생)

문장을 소리 내어 읽고 한자의 음을 쓰세요.

소리 내어 문장 읽기	한자 음 쓰기
❶ 할아버지 댁에는 대대로 전해 내려오는 **古書**가 많습니다.	☐ 서
^{국어3} ❷ 여보, 일하느라 **苦生** 많았어요. 어서 들어와서 쉬세요.	☐ ☐
❸ 올림픽의 기원은 **古代** 그리스까지 거슬러 올라갑니다.	☐ 대
❹ 우리는 생사 **苦樂**을 함께하기로 약속했습니다.	☐ 락
❺ 박사님의 넓은 지식은 동서 **古今**을 넘나듭니다.	☐ 금
❻ 나이가 많아질수록 **病苦**에 시달리기 쉬워요.	병 ☐

도전! 6급 시험 다음 밑줄 친 단어의 한자를 〈보기〉에서 고르세요.

〈보기〉   ① 苦生   ② 古今   ③ 苦樂   ④ 病苦   ⑤ 古代

1. 온 국민이 <u>고락</u>을 함께합니다. _____

2. 동서<u>고금</u>에 일찍이 없었던 일입니다. _____

3. 할아버지는 오랫동안 <u>병고</u>에 시달렸습니다. _____

4. <u>고대</u>에 인류는 창으로 사냥을 했습니다. _____

07 붓 잡고 말 받아쓰는 글 書, 붓 잡듯 해를 붙잡는 낮 晝

글 서

낮 주

글 서는 손으로(⇒) 붓을 잡고(⊥) 말하는 것을(日) 받아쓰는 글을 가리켜요.

낮 주는 손으로(⇒) 붓을 꽉 잡듯(⊥) 해를 땅 위에 붙잡아 두는(旦) 낮을 가리켜요.

 풀이말을 큰 소리로 읽으며 획을 따라 쓰세요.

따라 써 봐!

ㄱ ㅋ ㅋ

| 손가락 구부려 | 붓을 잡고 | 말을 받아쓰는 | 글 서 | 글 |

| 손가락 구부려 | 붓을 잡듯 | 해를 땅 위에 붙잡는 | 낮 주 | 낮 |

書(글 서)의 日(가로 왈)과 晝(낮 주)의 日(날 일)은 모양은 비슷하지만 다른 글자예요. 口(입 구), 曰(가로 왈), 日(날 일)은 모양이 비슷하니 잘 구별하세요.

유의어 晝(낮 주) ― 午(낮 오)

물방울 ⚪ 에 가려진 한자를 필순에 맞게 쓰고, 빈칸에 알맞은 훈과 음을 쓰세요.

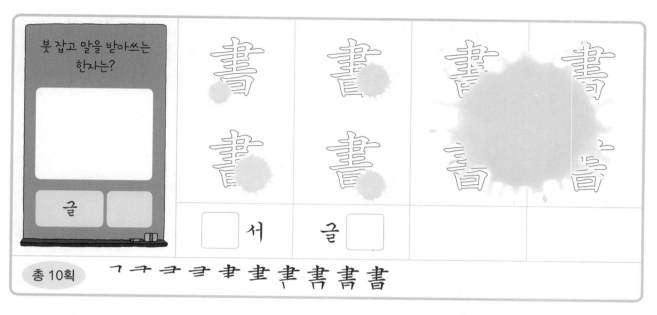

붓 잡고 말을 받아쓰는 한자는?

글

| □ 서 | 글 □ |

총 10획   ㄱ ㄱ ㅋ ㅋ 聿 聿 書 書 書 書

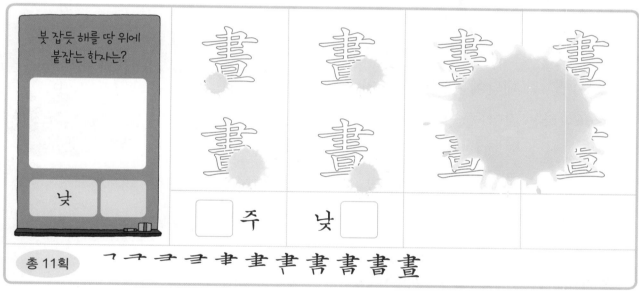

붓 잡듯 해를 땅 위에 붙잡는 한자는?

낮

| □ 주 | 낮 □ |

총 11획   ㄱ ㄱ ㅋ ㅋ 聿 聿 書 書 書 書 晝

 한자의 음을 쓰세요.

❶ 낮 동안 晝間 [ ]

❷ 쓰고 기록하는 書記 [ ]

❸ 낮과 밤 晝夜 [야]

❹ 글공부하는 집 書堂 [당]

❺ 대낮 白晝 [ ]

❻ 그림, 글, 책 圖書 [도]

예습! 6급 한자 夜(밤 야) 堂(집 당) 圖(그림 도)   복습! 한자 間(사이 간) 記(기록할 기) 白(흰 백)

문장을 소리 내어 읽고 한자의 음을 쓰세요.

소리 내어 문장 읽기	한자 음 쓰기
❶ 누나는 **晝間**에는 일하고 야간에 공부해요.	☐ ☐
❷ 기록을 맡아보는 사람을 **書記**라고 합니다.	☐ ☐
❸ **晝夜**로 일에 최선을 다하는 사람이 성공하는 법입니다.	☐ 야
❹ 옛날 **先祖**들은 **書堂**에서 공부했다고 합니다. • 先(먼저 선) 祖(할아비 조)	☐ ☐ , ☐ 당
❺ **白晝**, 즉 대낮에는 햇볕이 뜨거우니 조심하는 것이 좋습니다.	☐ ☐
❻ 나는 엄마와 **圖書** 전시회에 갔어요.	도 ☐

도전! 6급 시험 다음 밑줄 친 단어의 한자를 〈보기〉에서 고르세요.

〈보기〉   ① 晝夜   ② 晝間   ③ 書堂   ④ 圖書   ⑤ 書記

1. 주야로 열심히 공부합니다. _____

2. 서당 개 삼 년에 풍월합니다. _____

3. 좋은 도서를 많이 읽읍시다. _____

4. 토론자의 말을 서기가 받아 적었습니다. _____

1.① 2.③ 3.④ 4.⑤

34

08 붓 잡고 밭 그리는 그림 畫, 창고와 창문 그리는 그림 圖

그림 화

그림 화는 손으로 붓을 잡고(聿)
밭을 종이에 그리는(畫) 모양이에요.

그림 도

그림 도는 마을 안의(冂) 창고와(口)
지붕아래 창문을(啚) 그린 글자예요.

 풀이말을 큰 소리로 읽으며 획을 따라 쓰세요.

따라 써 봐!

| 손으로
붓을 잡고 | 밭을 종이에
그리는 | 그림 화 | 그림 ☐ |

🐱 冂冈冈冈冈冈冈冈圖圖

| 마을 안의 | 창고와 | 지붕 아래의
창문을 그리는 | 그림 도 | 그림 ☐ |

 畫(그림 화)는 '그을 획'이라는 훈음도 있어요. 圖(그림 도)는 커다란 네모 안에 '모'를 쓰고 그 아래에 '回'를 쓰면 돼요.
　유의어 畫(그림 화) ― 圖(그림 도)

35

물방울 ◯에 가려진 한자를 필순에 맞게 쓰고, 빈칸에 알맞은 훈과 음을 쓰세요.

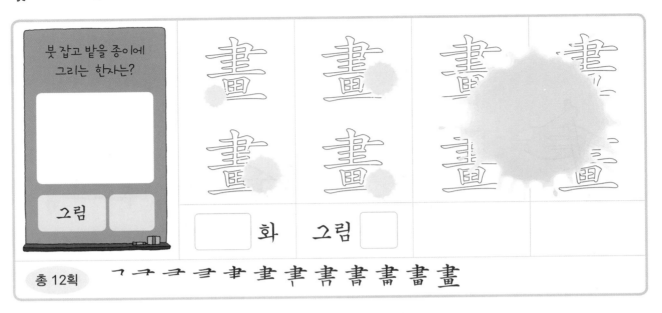

붓 잡고 밭을 종이에 그리는 한자는?

그림

□ 화   그림 □

총 12획   ㄱ ㄱ ㄱ ㄱ 津 津 書 書 書 書 書 畫

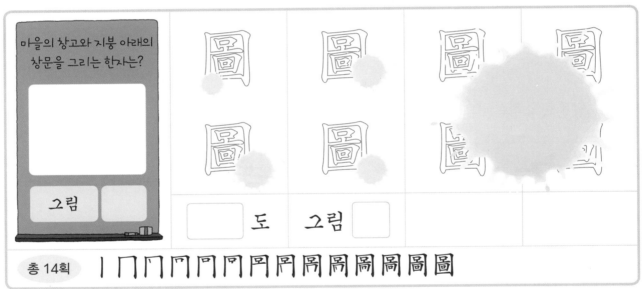

마을의 창고와 지붕 아래의 창문을 그리는 한자는?

그림

□ 도   그림 □

총 14획   丨 冂 冂 冂 冂 冂 冋 啚 啚 啚 圖 圖 圖 圖

 한자의 음을 쓰세요.

❶ 그림 그리는 사람 畫家 □   ❷ 그림의 모양 圖形 □ 형

❸ 그림 그리는 집 畫室 □   ❹ 그림으로 나타낸 표 圖表 □ 표

❺ 글과 그림 書畫 □   ❻ 땅을 그린 地圖 □

예습! 6급 한자 形(모양 형) 表(겉 표)   복습! 한자 家(집 가) 室(집 실) 書(글 서) 地(땅 지)

36

문장을 소리 내어 읽고 한자의 음을 쓰세요.

소리 내어 문장 읽기	한자 음 쓰기
❶ 이 그림은 유명한 **畫家**의 대표작입니다.	☐ ☐
❷ 사각형, 원과 같은 것을 **圖形**이라고 해요.	☐ 형
❸ 피카소의 **畫室**은 그림과 조각, 미술품으로 가득 찼습니다.	☐ ☐
❹ 연평균 기온을 **圖表**로 나타내면 한눈에 들어옵니다.	☐ 표
❺ 황진이는 노래와 춤, **書畫**로 이름이 높았습니다.	☐ ☐
^{과학3} ❻ 예전에는 나침반과 **地圖**를 사용하여 목적지를 찾아갔습니다.	☐ ☐

도전! 6급 시험 다음 밑줄 친 단어의 한자를 <보기>에서 고르세요.

<보기> ① **畫家** ② **書畫** ③ **畫室** ④ **地圖** ⑤ **圖形**

1. 그 그림은 1750년대에 그려진 옛 지도입니다. _____

2. 삼각형은 꼭짓점이 셋인 도형입니다. _____

3. 그는 공부뿐만 아니라 서화에도 뛰어났습니다. _____

4. 그 화가는 올 겨울에 전시회를 열 예정입니다. _____

 **09** 급한 마음 나타내는 **급할 急**, 실의 수준 뜻하는 **등급 級**

급할 급

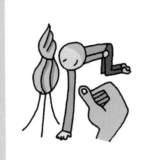

등급 급

급할 급은 몸 구부리고 떠나는 사람을(ㅋ)
손으로 잡을 만큼(⇒) 급한 마음을(心) 나타내요.

등급 급은 베를 짤 때 쓰이는
실의(糸) 수준(及), 곧 등급을 나타내요.

 풀이말을 큰 소리로 읽으며 획을 따라 쓰세요.

따라 써 봐!

急	急	急	急	急
몸 구부린 사람을	손으로 잡을 만큼	급한 마음을 나타내는	급할 급	급할 ☐

級	級	級	級
베를 짤 때 쓰이는 실의	수준을 나타내는	등급 급	등급 ☐

 級(등급 급)에서 及(미칠 급, 3급)은 팔 내밀고 엎드린 사람(乃)을 손으로 잡는(又) 모습을 나타내요.

물방울 ⚪ 에 가려진 한자를 필순에 맞게 쓰고, 빈칸에 알맞은 훈과 음을 쓰세요.

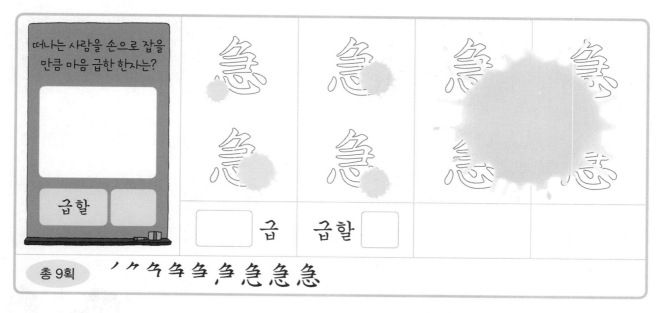

떠나는 사람을 손으로 잡을
만큼 마음 급한 한자는?

급할

총 9획   ノノ ケ ク ク 争 急 急 急

□ 급   급할 □

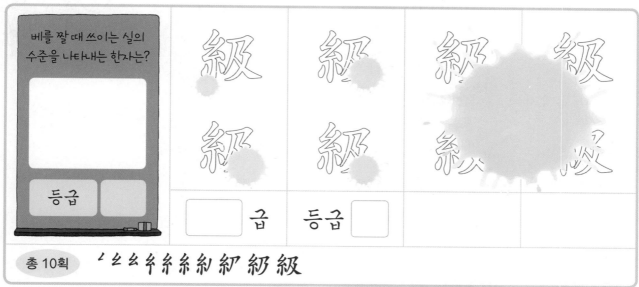

베를 짤 때 쓰이는 실의
수준을 나타내는 한자는?

등급

총 10획   ノ 幺 幺 幺 糸 糸 糸 糽 級 級

□ 급   등급 □

 한자의 음을 쓰세요.

❶ 급히 가는 **急行** [행]

❷ 무리의 수준을 구분한 **等級** [등]

❸ 급하고 빠른 **急速** [속]

❹ 몸무게로 구분한 **體級** [체]

❺ 때가 급한 **時急** [ ]

❻ 특별한 등급 **特級** [특]

예습! 6급 한자 行(다닐 행) 等(무리 등) 速(빠를 속) 體(몸 체) 特(특별할 특)   복습! 한자 時(때 시)

문장을 소리 내어 읽고 한자의 음을 쓰세요.

소리 내어 문장 읽기	한자 음 쓰기
❶ 急行 열차는 10분 후에 도착합니다.	☐ 행
❷ 우리 회사에서는 품질에 따라 제품의 等級을 구분합니다.	등 ☐
❸ 우리나라 경제는 1970년대에 急速하게 발전했습니다.	☐ 속
❹ 운동 경기는 體級을 나누어 하는 경우가 많아요.	체 ☐
❺ 미세먼지에 대한 대책이 時急합니다.	☐ ☐
❻ 特級 호텔은 시설이 매우 좋습니다.	특 ☐

도전! 6급 시험　다음 밑줄 친 단어의 한자를 〈보기〉에서 고르세요.

〈보기〉　　① 急行　　② 急速　　③ 等級　　④ 時急　　⑤ 體級

1. 급행 열차가 방금 출발했습니다. _____
2. 최근에 급속히 기온이 높아졌습니다. _____
3. 점수에 따라 네 개의 등급으로 나누어집니다. _____
4. 힘을 겨루는 운동은 체급을 정해서 합니다. _____

1.① 2.② 3.③ 4.⑤

10 달빛 아래 입는 옷 服, 두 발 벌리고 활 쏘는 쏠 發

옷 복

쏠 발

옷 복은 달빛 아래(月) 허리 굽히고(卩)
손으로 입는(又) 옷을 나타내요.

쏠 발은 두 발 딛고 서서(癶), 활을(弓)
몸 굽혀 손에 잡고(殳) 쏘는 모습을 나타내요.

 풀이말을 큰 소리로 읽으며 획을 따라 쓰세요.

따라 써 봐!

月 朋

服	服	服	服	服
달빛 아래	허리 굽히고	손으로 입는	옷 복	옷

癶 发 殳   殳 殳 殳 發

發	發	發	發	發
두 발 딛고 서서	활을	몸 굽혀 손에 잡고	쏠 발	쏠

 服(옷 복)은 옷 복, 먹을 복, 엎드릴 복 등 여러 가지 뜻이 있어요.
發(쏠 발)은 활을 쏜다는 뜻과 꽃이 핀다는 뜻을 동시에 가졌어요. 그래서 '필 발'이라는 훈음도 있어요.

물방울 ⬤ 에 가려진 한자를 필순에 맞게 쓰고, 빈칸에 알맞은 훈과 음을 쓰세요.

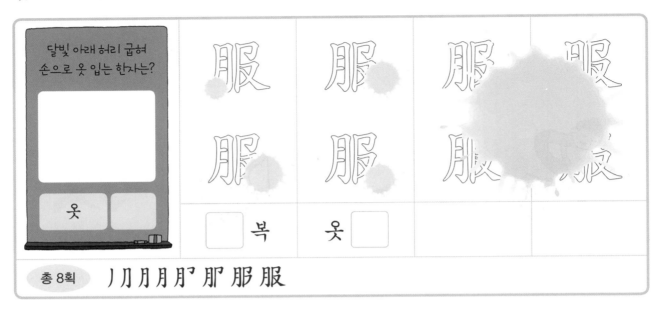

달빛 아래 허리 굽혀 손으로 옷 입는 한자는?

옷

| □ 복 | 옷 □ | | |

총 8획 ㅣ 刀 月 月 月ˀ 朋 服 服

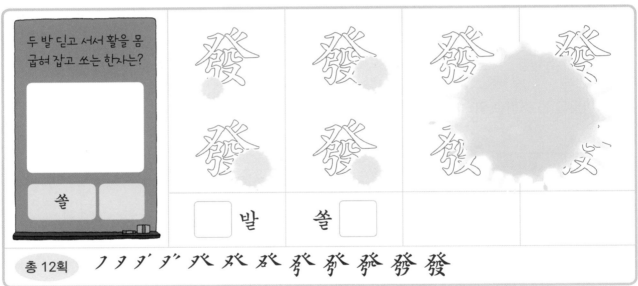

두 발 딛고 서서 활을 몸 굽혀 잡고 쏘는 한자는?

쏠

| □ 발 | 쏠 □ | | |

총 12획 ㄱ ㄅ ㄅˊ ㄅˊ ㄆˋ 癶 癶 癶 癶 發 發 發

 한자의 음을 쓰세요.

❶ 서양식 옷 **洋服** 양 [   ]

❷ 활 쏘듯 나아가는 **出發** [   ]

❸ 약을 먹는 **服用** [   ] 용

❹ 신호를 쏘는 **發信** [   ]

❺ 엎드리지 않는 **不服** [   ]

❻ 새로 만드는 **發明** [   ] 명

예습! 6급 한자 洋(큰 바다 양) 用(쓸 용) 明(밝을 명)   복습! 한자 出(날 출) 信(믿을 신) 不(아닐 불)

문장을 소리 내어 읽고 한자의 음을 쓰세요.

소리 내어 문장 읽기	한자 음 쓰기
❶ 요즘에는 한복보다 洋服을 많이 입습니다.	양 ☐
<small>사회3</small> ❷ 出發하기 전에 地圖를 보고 가야 할 곳의 위치를 알아보았습니다.	☐ ☐ , ☐ ☐ • 地(땅 지) 圖(그림 도)
❸ 약을 服用할 때는 의사와 약사의 지시를 잘 따라야 합니다.	☐ 용
❹ 휴대전화 發信함에서 전화번호를 찾았습니다.	☐ ☐
❺ 나는 심판의 판정에 不服했어요.	☐ ☐
<small>국어3</small> ❻ 종이컵은 컵을 쓰고 버리기에 편리하도록 發明되었습니다.	☐ 명

도전! 6급 시험 다음 밑줄 친 단어의 한자를 <보기>에서 고르세요.

| <보기> | ① 洋服 | ② 服用 | ③ 出發 | ④ 發明 | ⑤ 發信 |

1. 필요는 <u>발명</u>의 어머니입니다. _____

2. 달리기에서 <u>출발</u>이 늦어서 3등을 했습니다. _____

3. 아빠는 매일 <u>양복</u>에 넥타이를 맵니다. _____

4. 이 약은 하루 한 번 <u>복용</u>하면 됩니다. _____

<small>1.④ 2.③ 3.① 4.②</small>

06~10과 복습

 빈칸에 알맞은 한자와 훈음을 쓰세요.

書	그림 도	낮 주	畵	쓸 고

급할 급	예 고	級	옷 복	發

圖	등급 급	쏠 발	急	그림 화

빈칸에 알맞은 한자를 <보기>에서 찾아 쓰세요.

<보기> 古 苦 書 畫 晝 圖 急 級 服 發

① ☐ 야로 일에 최선을 다하는 사람이 성공하는 법입니다.

② 우리는 ☐ 락을 함께하기로 약속했습니다.

③ 박사님의 넓은 지식은 동서 ☐ 금을 넘나듭니다.

④ 예전에는 나침반과 지 ☐ 를 사용하여 목적지를 찾아갔어요.

⑤ ☐ 행 열차는 10분 후에 도착합니다.

⑥ 달리기에서 출 ☐ 이 늦는 바람에 3등에 그쳤습니다.

⑦ 옛날 선조들은 ☐ 당에서 공부했다고 합니다.

⑧ 요즘에는 한복보다 양 ☐ 을 많이 입습니다.

⑨ 우리 회사에서는 품질에 따라 제품의 등 ☐ 을 구분합니다.

⑩ 이 그림은 유명한 ☐ 가의 대표작입니다.

6급 시험 기출 문제

[1~10] 다음 한자어의 음(音: 소리)을 쓰세요.

<보기> 漢字 → 한자

1. 그의 지식은 동서古今^금을 넘나듭니다.
_____

2. 나는 晝夜^야로 최선을 다했습니다.
_____

3. 急行^행 열차가 방금 출발했습니다.
_____

4. 온 국민이 苦樂^락을 함께합니다.
_____

5. 우리 경제는 急速^속히 발전했습니다.
_____

6. 엄마와 圖書 전시회에 다녀왔습니다.
_____

7. 장영실이 측우기를 發明^명했습니다.
_____

8. 이 그림은 유명한 畫家가 그렸습니다.
_____

9. 품질로 제품의 等^등級을 나눕니다.
_____

10. 아빠는 洋^양服에 넥타이를 맵니다.

[11~14] 다음 한자의 훈(訓: 뜻)과 음(音: 소리)을 쓰세요.

<보기> 字 → 글자 자

11. 苦 _____

12. 畫 _____

13. 急 _____

14. 服 _____

[15~18] 다음 밑줄 친 한자어의 한자를 쓰세요.

<보기> 국어 → 國語

15. 길을 건널 때는 좌우를 살핍니다.
_____

16. 교육은 미래를 위한 투자입니다.
_____

17. 제주도의 한라산은 화산입니다.
_____

18. 나는 매일 밤 일기를 씁니다.
_____

[19~20] 다음 한자의 상대 또는 반대되는 글자를 골라 ☐ 안에 그 번호를 쓰세요.

19. 足: ①車 ②口 ③九 ④手　☐

20. 春: ①秋 ②夏 ③南 ④冬　☐

[21~22] 다음 한자와 뜻이 비슷한 한자를 골라 ☐ 안에 그 번호를 쓰세요.

21. 晝: ①苦 ②急 ③服 ④午　☐

22. 圖: ①級 ②發 ③畵 ④書　☐

[23~24] 다음 ☐ 안에 알맞은 한자를 <보기>에서 찾아 그 번호를 쓰세요.

<보기>
①古 ②苦 ③書 ④晝
⑤畵 ⑥圖 ⑦急 ⑧發

23. 白面 ☐ 生: 글만 읽느라 세상일은 전혀 모르는 사람

24. 百 ☐ 百中: 백 번 쏘아 백 번 맞힘

[25~26] 다음 중 소리(音)는 같으나 뜻(訓)이 다른 한자를 골라 ☐ 안에 그 번호를 쓰세요.

25. 晝: ①川 ②主 ③弟 ④古　☐

26. 級: ①太 ②言 ③計 ④急　☐

[27~28] 다음 한자어의 뜻을 풀이하세요.

27. 讀書 _____

28. 夏服 _____

[29~30] 다음 한자의 짙게 표시한 획은 몇 번째 쓰는 획인지 <보기>에서 찾아 ☐ 안에 그 번호를 쓰세요.

<보기>
④ 네 번째　　⑤ 다섯 번째
⑥ 여섯 번째　⑦ 일곱 번째
⑧ 여덟 번째　⑨ 아홉 번째

29. 書　☐

30. 圖　☐

🐱 헷갈리는 한자는 다시 써 보세요.

47

 **11** **눈동자를 그린 눈 目, 구슬을 바라보면 빛이 나타날 現**

눈 목

눈 목은 눈의(冂) 눈동자를(三)
그린 글자예요.

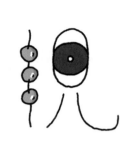 現

나타날 현

나타날 현은 구슬을(王) 바라보면(見)
구슬에서 고운 빛이 나타나는 모습을 표현했어요.

 풀이말을 큰 소리로 읽으며 획을 따라 쓰세요.

따라 써 봐!

目	目	目	目
눈의	눈동자를 그린	눈 목	눈 □

 丑 玑 玏 玥 珥 現 現

現	現	現	現
구슬을	바라보면
고운 빛이	나타날 현	나타날 □

 玉(구슬 옥)은 다른 글자와 함께 쓸 때는 王(구슬옥변)으로 써요. 王(임금 왕)과 모양은 비슷하지만 뜻은 달라요.

물방울 에 가려진 한자를 필순에 맞게 쓰고, 빈칸에 알맞은 훈과 음을 쓰세요.

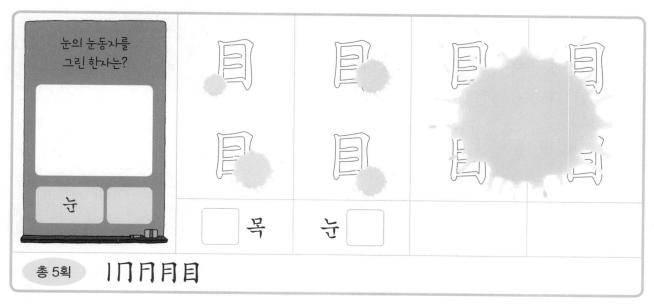

눈의 눈동자를 그린 한자는?

눈

총 5획 ㅣ 冂 冃 月 目

□ 목   눈 □

구슬을 바라보면 고운 빛이 나타나는 한자는?

나타날

총 11획 ー 二 干 王 王 玑 玑 玑 玥 玥 現 現

□ 현   나타날 □

 한자의 음을 쓰세요.

❶ 눈인사 目禮   례

❷ 일이 일어난 장소 現場

❸ 얼굴의 생김새 面目

❹ 지금의 시간 現在   재

❺ 눈이 머물러 살피는 注目 주

❻ 지금의 시대 現代   대

예습! 6급 한자 禮(예도 례) 在(있을 재) 注(부을 주) 代(대신할 대)   복습! 한자 場(마당 장) 面(낯 면)

문장을 소리 내어 읽고 한자의 음을 쓰세요.

소리 내어 문장 읽기	한자 음 쓰기
❶ 하루에 여러 번 마주칠 때는 **目禮**를 합니다.	☐ 례
❷ 화재 **現場**에 가 보니 모든 것이 불에 타서 사라져 버렸습니다.	☐ ☐
❸ **父母**님을 뵐 **面目**이 없었어요.	☐ ☐ , ☐ ☐ • 父(아비 부) 母(어미 모) •
^{과학 3} ❹ 물길이 달라지면서 과거와 **現在**의 땅 모습도 달라졌습니다.	☐ 재
❺ "자, 모두 **注目**!" 하고 선생님이 말씀하셨습니다.	주 ☐
❻ **現代**에 와서 과학은 놀라운 속도로 발달했습니다.	☐ 대

도전! 6급 시험 다음 밑줄 친 단어의 한자를 <보기>에서 고르세요.

<보기>   ① 現場   ② 注目   ③ 現在   ④ 現代   ⑤ 目禮

1. <u>현재</u> 점수는 동점이라 결과를 알 수 없습니다. _____

2. 자, 이분을 <u>주목</u>해 주십시오. _____

3. <u>현대</u>인의 생활은 모두 복잡합니다. _____

4. 복도에서 선생님께 가볍게 <u>목</u>례를 합니다. _____

12 사거리를 다닐 行, 사거리에서 좁쌀 나오는 재주 術

다닐 행은 사람들이 사거리를 왼쪽(彳),
오른쪽으로(丁) 지나다니는 모습을 나타내요.

재주 술은 사거리에서(彳) 좁쌀이 술술
나오게 하듯(朮) 어려운 일을 해내는
재주를(丁) 가리켜요.

 풀이말을 큰 소리로 읽으며 획을 따라 쓰세요.

따라 써 봐!

行	行	行	行
사거리의 왼쪽과	오른쪽으로	다닐 행	다닐 ☐

彳 扑 补 狪 術

術	術	術	術	術
사거리에서	좁쌀이 술술 나오게 하듯	어려운 일을 해내는	재주 술	재주 ☐

行(다닐 행)에는 '항렬 항'이라는 훈음도 있어요. 術(재주 술)에서 朮(차조 출)은 차조 이삭(朮)과 좁쌀(丶)을 그린 글자예요.

물방울 🔵 에 가려진 한자를 필순에 맞게 쓰고, 빈칸에 알맞은 훈과 음을 쓰세요.

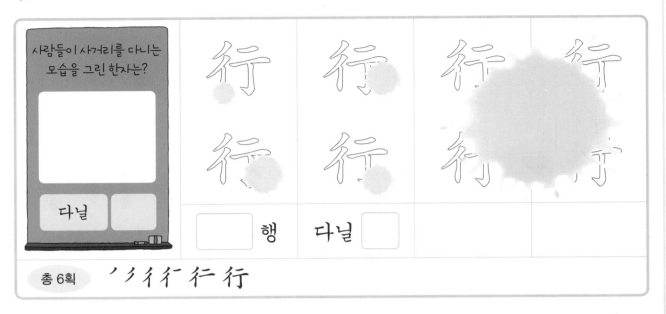

사람들이 사거리를 다니는 모습을 그린 한자는?

다닐

☐ 행   다닐 ☐

총 6획   ´ ㇒ ㇒ 彳 ㇒ 行 行

사거리에서 좁쌀이 술술 나오듯 재주 부리는 한자는?

재주

☐ 술   재주 ☐

총 11획   ´ ㇒ 彳 千 彳 彳 彳 术 術 術 術

 한자의 음을 쓰세요.

❶ 몸을 움직여 다니는 **行動** ☐

❷ 병을 고치는 재주 **醫術** 의

❸ 간 곳이나 방향 **行方** ☐

❹ 손으로 병 고치는 기술 **手術** ☐

❺ 부모를 섬기는 행실 **孝行** ☐

❻ 싸우는 기술 **戰術** 전

예습! 6급 한자 醫(의원 의) 戰(싸움 전)   복습! 한자 動(움직일 동) 方(모 방) 手(손 수) 孝(효도 효)

문장을 소리 내어 읽고 한자의 음을 쓰세요.

소리 내어 문장 읽기	한자 음 쓰기
국어 3 ❶ 자신이 옹달샘이라면 어떻게 **行動**했을지 이야기해 봅시다.	☐ ☐
❷ 허준은 《동의보감》을 지어 **醫術**을 널리 알렸습니다.	의 ☐
❸ 어머니는 **家出**한 아들의 **行方**을 몰라 애를 태웠어요.	☐ ☐ , ☐ ☐ • 家(집 가) 出(날 출)
사회 3 ❹ 의사의 손동작은 물론, **手術** 도구가 움직이는 것을 볼 수 있습니다.	☐ ☐
❺ 심청의 **孝行**은 마을에서 모르는 사람이 없었습니다.	☐ ☐
❻ 이순신 장군은 뛰어난 **戰術**로 적을 물리쳤습니다.	전 ☐

도전! 6급 시험 다음 밑줄 친 단어의 한자를 〈보기〉에서 고르세요.

〈보기〉   ① 行動   ② 手術   ③ 醫術   ④ 戰術   ⑤ 行方

1. 한국은 의술이 뛰어난 나라입니다. _____
2. 우리 팀은 공격 축구로 전술을 바꾸었습니다. _____
3. 나쁜 행동을 하면 벌을 받습니다. _____
4. 그의 행방을 아는 사람은 아무도 없습니다. _____

1. ③ 2. ④ 3. ① 4. ⑤

13 이쪽저쪽 갈라진 각각 各, 발길 따라 만들어지는 길 路

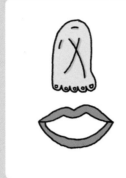 

각각 각

각각 각은 이쪽저쪽으로 갈라져(夂)
입 열고 제각각 말하는(口) 모습을 나타내요.

길 로

길 로는 발길에 따라(足)
각각 만들어지는(各) 길을 가리켜요.

 풀이말을 큰 소리로 읽으며 획을 따라 쓰세요.

따라 써 봐!

이쪽저쪽으로 갈라져	입 열고 제각각 말하는	각각 각	각각

`ㅣ 口 口 尸 무 무 묘 묘`

		路	
발길에 따라	각각 만들어지는	길 로	길

各(각각 각)에서 夂(뒤져올 치)는 아래로 향하는 발을 그려, 내려오거나 뒤처져 오는 걸 나타내요. 또 양쪽으로 갈라진 모양에서
보듯 '이쪽저쪽'의 뜻도 있어요.
路(길 로)에서 ⻊(발 족 변)은 足(발 족)을 줄여 쓴 모양이에요.
유의어 路(길 로) ― 道(길 도)

54

물방울 ● 에 가려진 한자를 필순에 맞게 쓰고, 빈칸에 알맞은 훈과 음을 쓰세요.

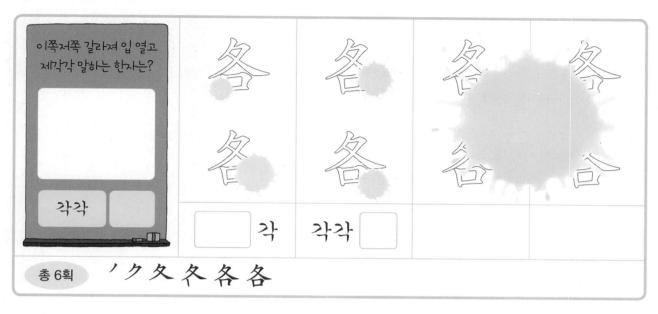

이쪽저쪽 갈라져 입 열고 제각각 말하는 한자는?

각각

□ 각   각각 □

총 6획   ノ ク 夕 冬 各 各

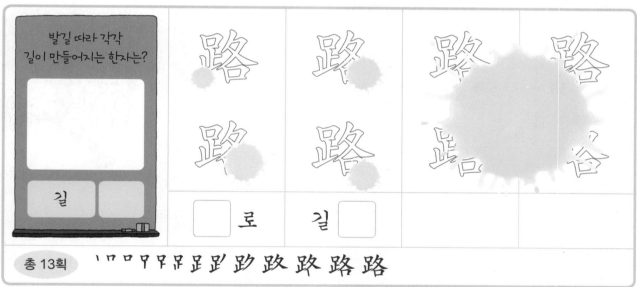

발길 따라 각각 길이 만들어지는 한자는?

길

□ 로   길 □

총 13획   丨 口 口 只 只 足 足 趵 趵 趵 路 路

 한자의 음을 쓰세요.

❶ 각각의 자기 자신 各自 ▭

❷ 사람, 차가 다니는 길 道路 ▭

❸ 각각의 분야 各界 [   ]계

❹ 바닷길 海路 ▭

❺ 각각의 반 各班 [   ]반

❻ 길바닥 路面 ▭

예습! 6급 한자 界(지경 계) 班(나눌 반)   **복습! 한자** 自(스스로 자) 道(길 도) 海(바다 해) 面(낯 면)

문장을 소리 내어 읽고 한자의 음을 쓰세요.

소리 내어 문장 읽기	한자 음 쓰기
^{과학 3} ❶ **各自** 분류한 결과를 친구들과 함께 이야기해 봅시다.	☐ ☐
^{사회 3} ❷ 다리, **道路**, 공장, 아파트 등은 자연환경과 달리 사람들이 만든 환경입니다.	☐ ☐
❸ 불우 이웃 돕기 운동에 **各界**의 온정이 쏟아졌습니다.	☐ 계
❹ 콜럼버스는 험난한 **海路**를 지나 신대륙을 발견했어요.	☐ ☐
❺ **各班**에서 한 명씩 나와 장기 자랑을 했습니다.	☐ 반
❻ **路面**이 울퉁불퉁하니 운전 조심하세요!	☐ ☐

도전! 6급 시험 다음 밑줄 친 단어의 한자를 〈보기〉에서 고르세요.

〈보기〉   ① 各自   ② 各界   ③ 各班   ④ 路面   ⑤ 道路

1. 교통사고로 도로가 꽉 막혔습니다.　　　　　_____

2. 각자 맡은 일에 충실합시다.　　　　　_____

3. 사회 각계의 유명한 분들이 모였습니다.　　　　　_____

4. 비가 와서 노면이 미끄럽습니다.　　　　　_____

1. ⑤ 2. ① 3. ② 4. ④

14 손 모아 마음 졸이는 사랑 愛, 집에서 느리게 걷는 뜰 庭

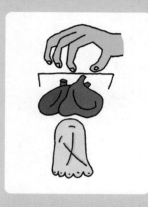

愛

사랑 애

庭

뜰 정

사랑 애는 손가락 모아 가슴을 덮고(爫)
마음 졸이며(心) 사랑하는 사람의 뒤를 따르는(夂)
모습을 나타내요.

뜰 정은 큰 집의 뜰에서(广) 배가 불룩한 사람이(壬)
느릿느릿 걷는(廴) 모습을 나타내요.

 풀이말을 큰 소리로 읽으며 획을 따라 쓰세요.

| 손가락 모아 가슴을 덮고 | 마음 졸이며 | 사랑하는 사람의 뒤를 따르는 | 사랑 애 | 사랑 ☐ |

广 广 庄 庭

| 큰 집 뜰에서 | 배 불룩한 사람이 | 느릿느릿 걷는 | 뜰 정 | 뜰 ☐ |

 庭(뜰 정)은 壬(북방 임)을 먼저 쓰고 廴(길게 걸을 인)을 나중에 써요.

물방울 ⚪ 에 가려진 한자를 필순에 맞게 쓰고, 빈칸에 알맞은 훈과 음을 쓰세요.

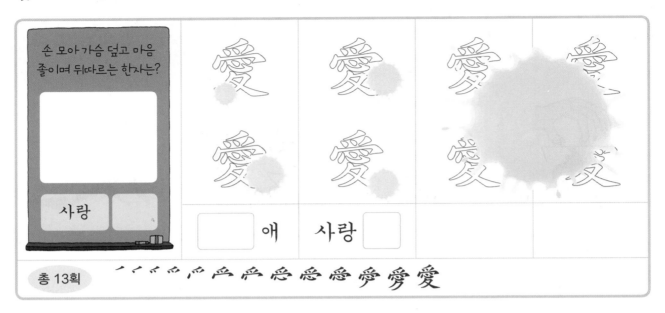

손 모아 가슴 덮고 마음
졸이며 뒤따르는 한자는?

사랑

□ 애   사랑 □

총 13획   `丶 丷 灬 灬 灬 灬 灬 愛 愛 愛 愛 愛 愛`

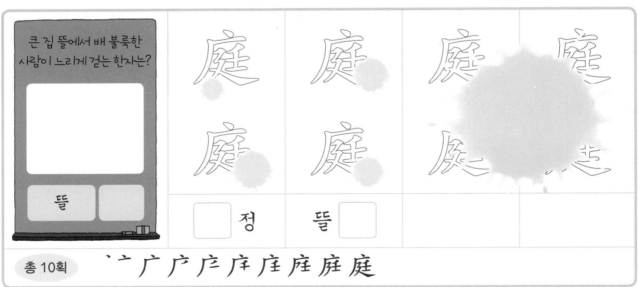

큰 집 뜰에서 배 불룩한
사람이 느리게 걷는 한자는?

뜰

□ 정   뜰 □

총 10획   `丶 广 广 庐 庐 庭 庭 庭 庭 庭`

 한자의 음을 쓰세요.

❶ 겨레를 사랑하는 愛族 [   ] 족

❷ 집 안의 뜰과 동산 庭園 [   ] 원

❸ 즐겨 쓰는 愛用 [   ] 용

❹ 한 가족이 사는 집 家庭 [   ]

❺ 가까이 사랑하는 親愛 친 [   ]

❻ 결혼한 여자의 본집 親庭 친 [   ]

예습! 6급 한자 族(겨레 족) 園(동산 원) 用(쓸 용) 親(친할 친)   복습! 한자 家(집 가)

문장을 소리 내어 읽고 한자의 음을 쓰세요.

소리 내어 문장 읽기	한자 음 쓰기
① 의병 활동은 평범한 백성들의 애국 **愛族** 의식에서 시작되었습니다.	☐ 족
② 앞 집 **庭園**에 꽃이 활짝 피었습니다.	☐ 원
③ 오빠는 자전거를 **愛用**해요.	☐ 용
④ 한 **家庭**을 이루고 사는 사람을 '가족 구성원'이라고 합니다.	☐ ☐
⑤ 국회 의원은 "**親愛**하는 국민 여러분!" 이라고 외치며 연설을 시작했습니다.	친 ☐
⑥ 어머니는 오랜만에 **親庭**에 가셨습니다.	친 ☐

도전! 6급 시험 다음 밑줄 친 단어의 한자를 〈보기〉에서 고르세요.

〈보기〉   ① 愛用   ② 親愛   ③ 庭園   ④ 親庭   ⑤ 家庭

1. 할아버지는 퇴직 후에 정원을 가꾸며 지냅니다. _____

2. 그녀는 가정을 이루고 행복하게 삽니다. _____

3. 나는 새로 나온 거품비누를 애용하고 있습니다. _____

4. 친애하는 국민 여러분, 저를 믿어 주세요. _____

1.③ 2.⑤ 3.① 4.②

15 집 안으로 한 발 디뎌 정할 定, 글머리에 붙이는 제목 題

정할 정

제목 제

정할 정은 집 안으로(宀) 한 발 디뎌
머물 곳을 정하는(疋) 모습을 나타내요.

제목 제는 올바르게(是) 글머리에(頁)
제목을 붙이는 모습을 나타내요.

 풀이말을 큰 소리로 읽으며 획을 따라 쓰세요.

 宀 宀 宇 宇 定

따라 써 봐!

定	定	定	定
집 안으로	한 발 디뎌 머물 곳을 정하는	정할 정	정할 ☐

 是 是 是 題 題 題 題 題

題	題	題	題
올바르게	글머리에 제목을 붙이는	제목 제	제목 ☐

 題(제목 제)에서 是(옳을 시)는 해(日)를 향해 한 발(一足) 디딘 모습으로 '옳다'는 뜻을 나타내요.

물방울 ⬤ 에 가려진 한자를 필순에 맞게 쓰고, 빈칸에 알맞은 훈과 음을 쓰세요.

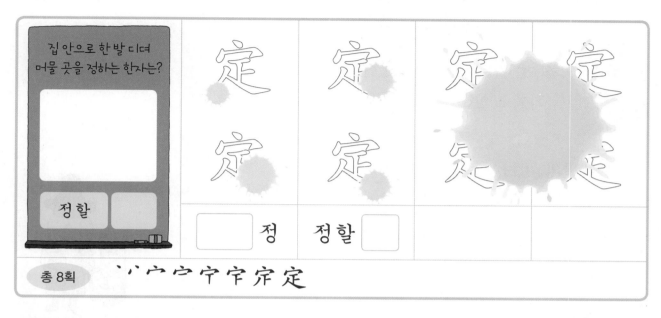

집 안으로 한 발 디뎌
머물 곳을 정하는 한자는?

정할

[ ] 정   정할 [ ]

총 8획   丶丶宀宁宇宇定定

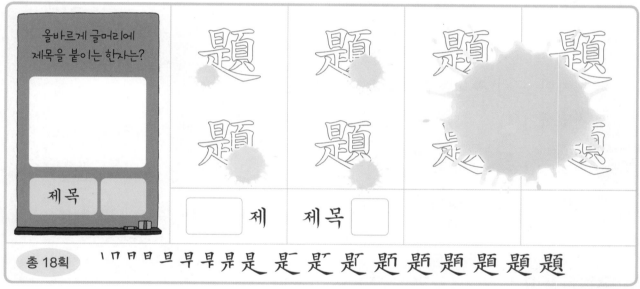

올바르게 글머리에
제목을 붙이는 한자는?

제목

[ ] 제   제목 [ ]

총 18획   丨冂冂日旦早旱昇昇是 是 是 题 題 題 題 題 題 題

 한자의 음을 쓰세요.

❶ 하나로 정함 **一定** [   ]

❷ 글머리에 붙이는 **題目** [   ]

❸ 편안히 정함 **安定** [   ]

❹ 책에 붙이는 제목 **題號** [호]

❺ 일정하게 정한 방식 **定式** [식]

❻ 책의 겉에 쓰는 제목 **表題** [표]

예습! 6급 한자   號(이름 호) 式(법 식) 表(겉 표)   복습! 한자   一(한 일) 目(눈 목) 安(편안 안)

문장을 소리 내어 읽고 한자의 음을 쓰세요.

소리 내어 문장 읽기	한자 음 쓰기
^{과학 3} ❶ 나무, 철, 플라스틱 등은 **一定**한 모양과 크기를 가지고 있습니다.	
^{국어 3} ❷ 이 글의 **題目**은 로봇입니다.	
❸ 세종대왕은 백성의 생활을 **安定**시키기 위해 애썼습니다.	
❹ 출판사에서는 새로 창간한 문학잡지의 **題號**를 '문학마을'로 정했습니다.	호
❺ 화가인 **三寸**은 미술협회에 **定式**으로 가입했어요.	, 식 • 三(석 삼) 寸(마디 촌)
❻ 그 책은 '조선의 미'라는 **表題**가 붙은 아주 낡은 책이었습니다.	표

도전! 6급 시험 다음 밑줄 친 단어의 한자를 <보기>에서 고르세요.

<보기>	① **安定**	② **定式**	③ **題目**	④ **題號**	⑤ **表題**

1. 이 노래 제목이 생각나지 않네요. _____

2. 치솟던 달걀 가격이 안정되었습니다. _____

3. 제호를 붓글씨로 멋있게 썼습니다. _____

4. 그는 정식으로 사과했습니다. _____

 빈칸에 알맞은 한자와 훈음을 쓰세요.

	路		庭	
각각 각		나타날 현		눈 목

		術		題
사랑 애	다닐 행		정할 정	

人	現	愛		
길 로			뜰 정	재주 술

빈칸에 알맞은 한자를 <보기>에서 찾아 쓰세요.

<보기> 目 現 行 術 各 路 愛 庭 定 題

① 우리 집 ⬜ 원에 꽃이 활짝 피었습니다.

② 물길이 달라지면서 과거와 ⬜ 재의 땅 모습도 달라졌습니다.

③ 다리, 도 ⬜ , 공장, 아파트 등은 사람들이 만든 환경입니다.

④ ⬜ 자 분류한 결과를 친구들과 함께 이야기해 봅시다.

⑤ 이 글의 ⬜ 목은 로봇입니다.

⑥ 허준은 《동의보감》을 지어 의 ⬜ 을 널리 알렸습니다.

⑦ 오빠는 자전거를 ⬜ 용해요.

⑧ 자, 여기를 주 ⬜ 해 주십시오.

⑨ 치솟던 달걀 가격이 안 ⬜ 을 되찾았습니다.

⑩ 어머니는 가출한 아들의 ⬜ 방을 몰라 애를 태웠습니다.

[1~10] 다음 한자어의 음(音: 소리)을 쓰세요.

<보기> 漢字 → 한자

1. **各自** 맡은 일을 열심히 합니다.
　＿＿＿＿

2. 교통사고로 **道路**가 꽉 막혔습니다.
　＿＿＿＿

3. **現在**^재 우리는 우주까지 갈 수 있습니다.
　＿＿＿＿

4. 요가는 심신을 **安定**시켜 줍니다.
　＿＿＿＿

5. 나는 화목한 **家庭**에서 자랐습니다.
　＿＿＿＿

6. 형은 새로 나온 샴푸를 **愛用**^용해요.
　＿＿＿＿

7. 재미있었던 책의 **題目**을 써 봅시다.
　＿＿＿＿

8. 저를 **注**^주**目**해 주세요.
　＿＿＿＿

9. 우리의 생각을 **行動**으로 옮깁시다.
　＿＿＿＿

10. 한국은 **醫**^의**術**이 뛰어난 나라입니다.
　＿＿＿＿

[11~14] 다음 한자의 훈(訓: 뜻)과 음(音: 소리)을 쓰세요.

<보기> 字 → 글자 자

11. **現** ＿＿＿＿＿

12. **術** ＿＿＿＿＿

13. **愛** ＿＿＿＿＿

14. **題** ＿＿＿＿＿

[15~18] 다음 밑줄 친 한자어의 한자를 쓰세요.

<보기> 국어 → 國語

15. 수목원에서 <u>자연</u>을 느껴 보세요.
　＿＿＿＿

16. 백화점은 <u>오전</u> 10시에 문을 엽니다.
　＿＿＿＿

17. <u>대문</u>을 여니 조그만 뜰이 보입니다.
　＿＿＿＿

18. 태풍이 지나갔다니 <u>안심</u>이 됩니다.
　＿＿＿＿

[19~20] 다음 한자의 상대 또는 반대되는 글자를 골라 ☐ 안에 그 번호를 쓰세요.

19. 出 : ① 行 ② 住 ③ 入 ④ 色 ☐

20. 夏 : ① 冬 ② 每 ③ 各 ④ 林 ☐

[21~22] 다음 한자와 뜻이 비슷한 한자를 골라 ☐ 안에 그 번호를 쓰세요.

21. 路 : ① 交 ② 道 ③ 各 ④ 愛 ☐

22. 言 : ① 訓 ② 讀 ③ 話 ④ 題 ☐

[23~24] 다음 ☐ 안에 알맞은 한자를 〈보기〉에서 찾아 그 번호를 쓰세요.

〈보기〉
① 目 ② 現 ③ 行 ④ 術
⑤ 南 ⑥ 路 ⑦ 愛 ⑧ 庭

23. 年中 ☐ 事 : 해마다 일정한 시기에 하는 행사

24. ☐ 男北女 : 남쪽 남자가 잘나고 북쪽 여자가 예쁨

[25~26] 다음 중 소리(音)는 같으나 뜻(訓)이 다른 한자를 골라 ☐ 안에 그 번호를 쓰세요.

25. 話 : ① 苦 ② 書 ③ 畫 ④ 服 ☐

26. 庭 : ① 正 ② 圖 ③ 急 ④ 發 ☐

[27~28] 다음 한자어의 뜻을 풀이하세요.

27. 道路 _____

28. 各自 _____

[29~30] 다음 한자의 짙게 표시한 획은 몇 번째 쓰는 획인지 〈보기〉에서 찾아 ☐ 안에 그 번호를 쓰세요.

〈보기〉
⑥ 여섯 번째   ⑦ 일곱 번째
⑧ 여덟 번째   ⑨ 아홉 번째
⑩ 열 번째   ⑪ 열한 번째

29. 愛 ☐

30. 庭 ☐

16 사람이 막대 붙여 지을 作, 해가 고개 숙여 만든 어제 昨

지을 작

지을 작은 사람이(亻) 고개 숙이고(亠)
막대를 붙여(ㅑ) 물건을 짓는(만드는)
모습을 나타내요.

어제 작

어제 작은 해가(日) 고개 숙이고(亠)
저물어 하루가 지나면 만들어지는(ㅑ)
어제를 가리켜요.

 풀이말을 큰 소리로 읽으며 획을 따라 쓰세요.

따라 써 봐!

🐱 亻 作 作

사람이	고개 숙이고	막대 붙여 물건 짓는	지을 작	지을

해가	고개 숙이고 저물어	만드는	어제 작	어제

물방울 ⬤ 에 가려진 한자를 필순에 맞게 쓰고, 빈칸에 알맞은 훈과 음을 쓰세요.

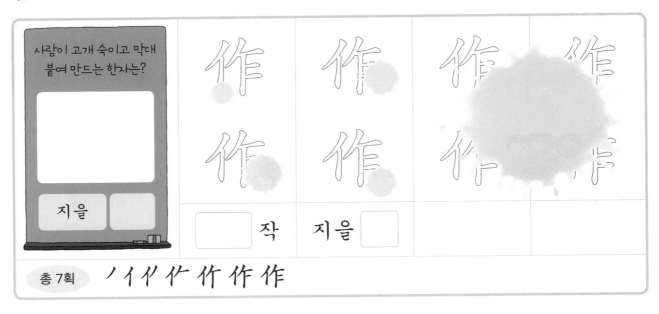

사람이 고개 숙이고 막대
붙여 만드는 한자는?

지을

총 7획　　ノ 亻 亻 仁 仁 仁 作 作

　　작　　지을

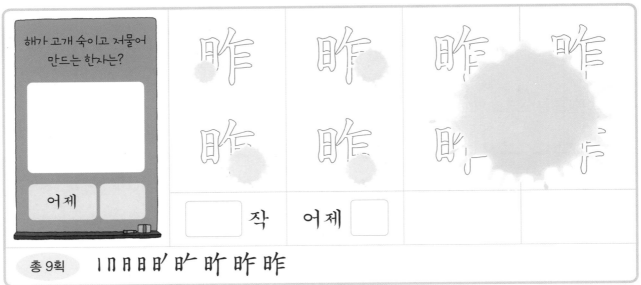

해가 고개 숙이고 저물어
만드는 한자는?

어제

총 9획　　丨 冂 冃 日 日 旷 旷 昨 昨

　　작　　어제

 한자의 음을 쓰세요.

❶ 글을 짓는 사람 作家 ⬜

❷ 지난해 昨年 ⬜

❸ 일을 함 作業 　업

❹ 어제 昨日 ⬜

❺ 움직여 만드는 動作 ⬜

❻ 어제와 오늘 昨今 　금

예습! 6급 한자　業(업 업) 今(이제 금)　　복습! 한자　家(집 가) 年(해 년) 日(날 일) 動(움직일 동)

문장을 소리 내어 읽고 한자의 음을 쓰세요.

소리 내어 문장 읽기	한자 음 쓰기
❶ 이 소설에는 **作家**의 감정이 잘 드러나 있습니다.	☐☐
^{국어 3} ❷ 스승의 날을 맞아 시현이가 **昨年** 담임 선생님께 쓴 글입니다.	☐☐
❸ 똑같이 되풀이하는 **作業**은 무척 지루해요.	☐ 업
❹ 항해 일지를 보니 **昨日** 23시부터 전속력으로 항해를 시작했습니다.	☐☐
^{사회 3} ❺ 의사의 손**動作**은 물론, **手術** 도구가 움직이는 것을 볼 수 있습니다.	☐☐ , ☐☐ • 手(손 수) 術(재주 술)
❻ 잘못된 **昨今**의 현실을 뒤돌아볼 때 모두가 반성해야 합니다.	☐ 금

도전! 6급 시험 다음 밑줄 친 단어의 한자를 〈보기〉에서 고르세요.

〈보기〉 ① 作家   ② 動作   ③ 昨年   ④ 昨今   ⑤ 作業

1. 달라진 것 없는 <u>작금</u>의 현실에 한숨이 나올 뿐입니다. _____

2. 철수는 반응 <u>동작</u>이 매우 빨랐습니다. _____

3. <u>작년</u>에 이어 올해도 풍년입니다. _____

4. 함께 하는 <u>작업</u>은 협력이 중요합니다. _____

17 나무가 뒤돌아 뻗는 뿌리 根, 쇠가 예뻐 뒤돌아보는 은 銀

뿌리 근

은 은

뿌리 근은 나무가(木) 뒤돌아(艮)
땅속으로 뻗어 내리는 뿌리를 나타내요.

은 은은 쇠붙이(金) 가운데
예뻐서 뒤돌아보게 되는(艮) 은을 가리켜요.

 풀이말을 큰 소리로 읽으며 획을 따라 쓰세요.

🐱 朴 朴 朴 根 根 根

따라 써 봐!

根	根	根	根
나무가	뒤돌아 땅속에 뻗어 내리는	뿌리 근	뿌리

銀	銀	銀	銀
쇠붙이 가운데 예뻐서	뒤돌아보게 되는	은 은	은

 根(뿌리 근)에서 艮(뒤돌아볼 간)은 고개 돌려 뒤돌아보는 사람을 나타낸 글자예요.

70

물방울 ⬤ 에 가려진 한자를 필순에 맞게 쓰고, 빈칸에 알맞은 훈과 음을 쓰세요.

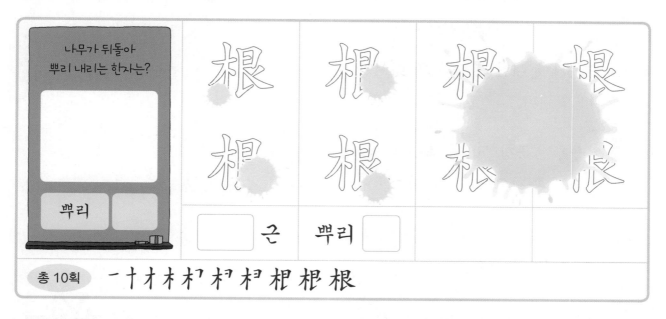

나무가 뒤돌아 뿌리 내리는 한자는?

뿌리

□ 근   뿌리 □

총 10획   一 十 才 才 才 杧 杧 杧 根 根 根

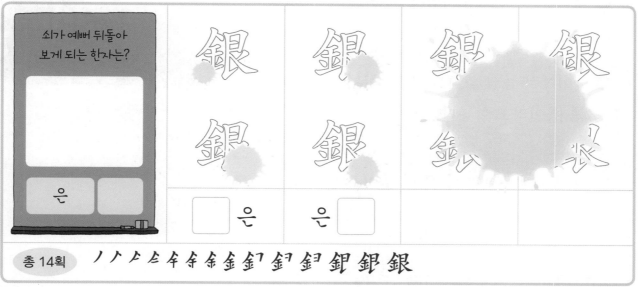

쇠가 예뻐 뒤돌아 보게 되는 한자는?

은

□ 은   은 □

총 14획   ノ ハ ヒ ヒ ヒ 牟 余 金 金 金ᐧ 金ᐧ 釒 鈤 鈤 銀

 한자의 음을 쓰세요.

❶ 풀이나 나무의 뿌리 **根本**   본

❷ 돈을 맡기고 빌리는 **銀行**

❸ 식물의 둥근 뿌리 **球根**   구

❹ 금과 은 **金銀**

❺ 말의 뿌리 **語根**

❻ 은백색의 액체 금속 **水銀**

예습! 6급 한자   本(근본 본) 球(공 구)   복습! 한자   行(다닐 행ㅣ항렬 항) 金(쇠 금) 語(말씀 어) 水(물 수)

71

문장을 소리 내어 읽고 한자의 음을 쓰세요.

소리 내어 문장 읽기	한자 음 쓰기
❶ 이 문제에 대한 **根本**적인 대책이 필요합니다.	☐ 본
⁽사회3⁾ ❷ 이곳에는 구청, **市場**, **銀行**, 영화관 등 여러 가지 시설이 있습니다.	☐☐ , ☐☐ • 市(저자 시) 場(마당 장)
❸ 감자와 고구마는 대표적인 **球根** 식물이에요.	구 ☐
❹ 해적들은 **金銀**보화만 골라서 땅속 깊이 숨겼습니다.	☐☐
❺ 단어에서 중심 의미를 가진 부분을 **語根**이라고 합니다.	☐☐
❻ 이 체온계 속에는 **水銀**이 들어 있습니다.	☐☐

도전! 6급 시험 다음 밑줄 친 단어의 한자를 〈보기〉에서 고르세요.

〈보기〉   ① 根本   ② 水銀   ③ 銀行   ④ 金銀   ⑤ 球根

1. 모든 잘못은 그 근본을 바로잡아야 합니다. _____

2. 그는 은행에 가서 통장을 만들었습니다. _____

3. 침몰한 배에는 금은보화가 가득 차 있었습니다. _____

4. 구근 식물은 물을 지나치게 주면 안 됩니다. _____

18 제사 그릇 모양의 머리 頭, 화살과 제사 그릇이 짧을 短

머리 두

머리 두는 뚜껑 있는 제사 그릇과(豆)
사람 머리를(頁) 나타내요.

짧을 단

짧을 단은 길이가 짧은 화살과(矢)
높이가 낮은 제사 그릇을(豆) 가리켜요.

 풀이말을 큰 소리로 읽으며 획을 따라 쓰세요.

一厂厂厅豆豆頭

따라 써 봐!

頭	頭	頭	頭
뚜껑 있는
제사 그릇과	사람 머리가
합쳐져	머리 두	머리 ☐

丿上午矢矢

短	短	短	短
길이 짧은 화살과	높이 낮은 제사 그릇이
합쳐져	짧을 단	짧을 ☐

頭(머리 두)에서 頁(머리 혈)은 머리에 있는 이마와 코, 목을 뜻해요. 短(짧을 단)에서 矢(화살 시)는 화살촉과 화살대를 나타내요.
반의어 頭(머리 두) ↔ 足(발 족), 短(짧을 단) ↔ 長(긴 장)

73

물방울 ⚪ 에 가려진 한자를 필순에 맞게 쓰고, 빈칸에 알맞은 훈과 음을 쓰세요.

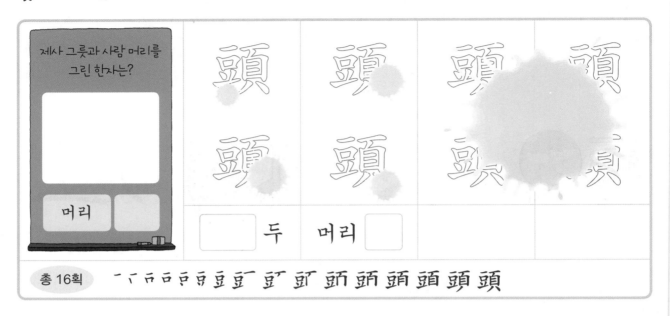

제사 그릇과 사람 머리를 그린 한자는?

머리 [ ]

[ ] 두   머리 [ ]

총 16획   一 厂 厂 戸 戸 豆 豆 豆 頭 頭 頭 頭 頭 頭 頭 頭

길이 짧은 화살과 높이 낮은 제사 그릇을 그린 한자는?

짧을 [ ]

[ ] 단   짧을 [ ]

총 12획   ノ ト ト 午 午 矢 知 知 知 短 短 短

 한자의 음을 쓰세요.

❶ 우두머리 **頭目** [   ]

❷ 작은 키의 몸 **短身** [신]

❸ 머리의 뿔 **頭角** [각]

❹ 목숨이 짧은 **短命** [   ]

❺ 무리의 맨 앞 **先頭** [   ]

❻ 길고 짧은 **長短** [   ]

예습! 6급 한자 身(몸 신) 角(뿔 각)   **복습! 한자** 目(눈 목) 命(목숨 명) 先(먼저 선) 長(긴 장)

문장을 소리 내어 읽고 한자의 음을 쓰세요.

소리 내어 문장 읽기	한자 음 쓰기
❶ 도적 무리의 **頭目**을 본 사람은 아무도 없었습니다.	☐ ☐
❷ 메시는 **短身**이지만 아주 뛰어난 축구 선수예요.	☐ 신
❸ 민지는 전학 오자마자 운동에서 **頭角**을 나타냈습니다.	☐ 각
❹ 후세 사람들은 허난설헌의 **短命**을 안타까워했습니다.	☐ ☐
❺ 우리나라 선수가 **先頭**로 결승선에 들어왔습니다.	☐ ☐
[과학 3] ❻ 지연이는 다양한 물질로 만든 그릇들의 **長短**점을 생각해 보았습니다.	☐ ☐

도전! 6급 시험 다음 밑줄 친 단어의 한자를 <보기>에서 고르세요.

<보기>   ① 頭目   ② 頭角   ③ 先頭   ④ 長短   ⑤ 短身

1. 사람은 누구나 <u>장단</u>점이 있습니다. _____

2. 그는 이번 대회에서 <u>두각</u>을 나타냈습니다. _____

3. 드디어 도적 떼의 <u>두목</u>이 잡혔습니다. _____

4. <u>단신</u>이지만 뛰어난 농구 선수도 있습니다. _____

1.④ 2.② 3.① 4.⑤

19 손에서 빠져나가 잃을 失, 둥글게 뭉쳐 꿰맨 공 球

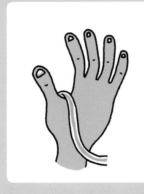

失
잃을 실

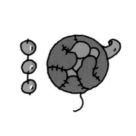 

球
공 구

잃을 실은 손가락 사이로(手)
물건이 빠져나가(乀) 잃는 것을 나타내요.

공 구는 구슬처럼 둥글게(王)
가죽을 뭉쳐 꿰맨(求) 공을 가리켜요.

 풀이말을 큰 소리로 읽으며 획을 따라 쓰세요.

따라 써 봐!

失	失	失	失
손가락 사이로	물건이 빠져나가	잃을 실	잃을 ☐

王一玗玗玗玳球球

球	球	球	球
구슬처럼 둥글게	가죽을 뭉쳐 꿰맨	공 구	공 ☐

球(공 구)에서 求(구할 구)는 가죽을 뭉쳐 꿰매는 모습으로, 원하는 것을 찾아 구하는 것을 나타내요.

물방울 ● 에 가려진 한자를 필순에 맞게 쓰고, 빈칸에 알맞은 훈과 음을 쓰세요.

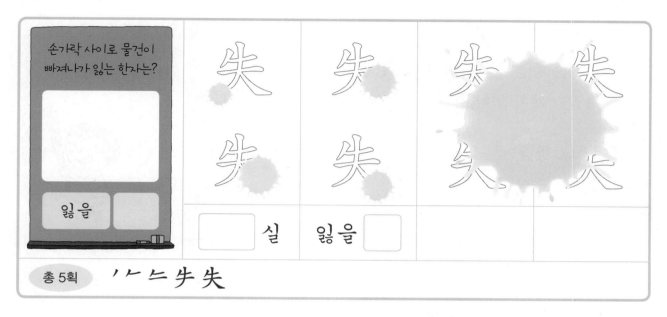

손가락 사이로 물건이
빠져나가 잃는 한자는?

잃을

□ 실   잃을 □

총 5획   ノ ╯ ヒ 生 失

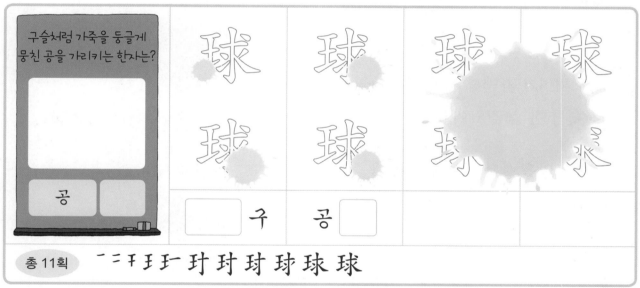

구슬처럼 가죽을 둥글게
뭉친 공을 가리키는 한자는?

공

□ 구   공 □

총 11획   ー ニ Ŧ Ŧ 王 王 Ŧ丁 球 球 球 球

 한자의 음을 쓰세요.

❶ 일자리를 잃는 **失業** [업]

❷ 들판에서 하는 공놀이 **野球** [야]

❸ 뜻을 잃는 **失意** [   ]

❹ 공 모양의 땅덩어리 **地球** [   ]

❺ 조심하지 않아 잘못함 **失手** [   ]

❻ 동그란 물체의 절반 **半球** [반]

예습! 6급 한자 業(업 업) 野(들 야) 半(반 반)   복습! 한자 意(뜻 의) 地(땅 지) 失(잃을 실)

문장을 소리 내어 읽고 한자의 음을 쓰세요.

소리 내어 문장 읽기	한자 음 쓰기
❶ 정부는 공공사업을 벌여 **失業** 문제를 해결할 계획입니다.	☐ 업
^{과학 3} ❷ **野球** 방망이는 무엇으로 만들어져 있을까요?	야 ☐
❸ 아빠는 일자리를 잃어 **失意**에 빠졌습니다.	☐ ☐
^{과학 3} ❹ 흙은 **地球**에 사는 **生物**의 보금자리입니다.	☐ ☐ , ☐ ☐ • 生(날 생) 物(물건 물)
^{국어 3} ❺ 도깨비가 가만히 들어 보니 자기가 **失手**한 것 같았어요.	☐ ☐
❻ 지구면을 둘로 나눈 한 부분을 **半球**라고 합니다.	반 ☐

도전! 6급 시험 다음 밑줄 친 단어의 한자를 〈보기〉에서 고르세요.

〈보기〉　　① 失業　　② 失手　　③ 野球　　④ 失意　　⑤ 地球

1. 수빈이는 <u>야구</u>를 좋아합니다. _____

2. <u>지구</u>에는 수많은 동물이 살고 있습니다. _____

3. <u>실수</u> 없는 사람은 없습니다. _____

4. 그는 <u>실업</u>으로 허탈과 실의에 빠졌습니다. _____

20 똑같이 가르는 공평할 公, 두 손으로 함께 받드는 한가지 共

공평할 공

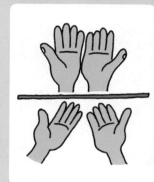 

한가지 공

공평할 공은 수확한 곡식을 양쪽으로 갈라(八)
팔을 당겨 내 쪽으로 가져오는(厶) 것을 나타내요.

한가지 공은 한 사람이 두 손으로 받들고(卄)
또 다른 사람이 두 손으로 받들어(六),
두 사람이 한마음임을 나타내요.

 풀이말을 큰 소리로 읽으며 획을 따라 쓰세요.

따라 써 봐!

公	公	公	公
양쪽으로 갈라	팔 당겨 가져오는	공평할 공	공평할 □

一十卄

共	共	共	共
두 손으로 받들고	또 받들어 한마음이 되는	한가지 공	한가지 □

 共(한가지 공)에서 한가지는 동작이나 성질이 서로 같은 것을 가리켜요.
유의어 共(한가지 공) — 同(한가지 동)

물방울 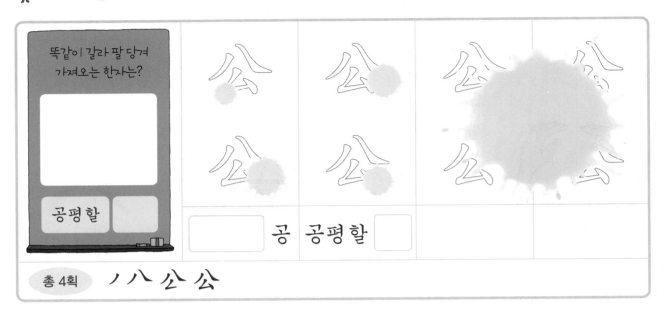에 가려진 한자를 필순에 맞게 쓰고, 빈칸에 알맞은 훈과 음을 쓰세요.

똑같이 갈라 팔 당겨 가져오는 한자는?

공평할

총 4획 ノ八公公

| | 공 | 공평할 | |

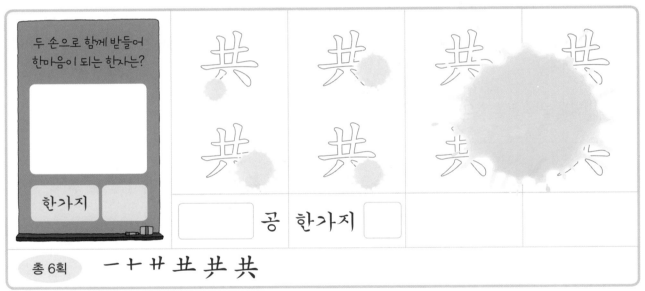

두 손으로 함께 받들어 한마음이 되는 한자는?

한가지

총 6획 一十卅卅共共

| | 공 | 한가지 | |

 한자의 음을 쓰세요.

❶ 여럿이 두루 관계되는 **公共**

❷ 같이 함께하는 **共同**

❸ 여럿에게 널리 터놓는 **公開**　　개

❹ 한가지로 통하는 **共通**　　통

❺ 여럿이 인정하는 방식 **公式**　　식

❻ 남과 같게 느끼는 **共感**　　감

예습! 6급 한자 開(열 개) 通(통할 통) 式(법 식) 感(느낄 감)　　**복습! 한자** 同(한가지 동)

문장을 소리 내어 읽고 한자의 음을 쓰세요.

소리 내어 문장 읽기	한자 음 쓰기
[국어3] ❶ 전화를 걸거나 받을 때 **公共**장소에서는 작은 목소리로 말합니다.	☐ ☐
❷ 이번 여행에 필요한 돈은 **共同**으로 냅시다!	☐ ☐
❸ 부모님이 **公開** 수업을 보러 학교에 오셨어요.	☐ 개
[과학3] ❹ 새와 하늘다람쥐의 **共通**점과 차이점을 이야기해 봅시다.	☐ 통
❺ 두 나라 대통령은 **公式** 회담을 가졌습니다.	☐ 식
❻ 다른 사람의 아픔에 **共感**할 때 배려심이 생깁니다.	☐ 감

도전! 6급 시험 다음 밑줄 친 단어의 한자를 <보기>에서 고르세요.

<보기>   ① **公共**   ② **公式**   ③ **共同**   ④ **共感**   ⑤ **公開**

1. 경찰은 공공의 질서를 위해 봉사합니다. _____

2. 공동 주택을 짓고 모여서 삽니다. _____

3. 이 문제는 공식적으로 거론해야 합니다. _____

4. 그 소설에 공감하는 독자들이 많습니다. _____

 빈칸에 알맞은 한자와 훈음을 쓰세요.

	 球		 頭	
공평할 공		어제 작		잃을 실
		 銀		 短
뿌리 근	지을 작		한가지 공	
		 公	 根	
공 구	머리 두			은 은

빈칸에 알맞은 한자를 <보기>에서 찾아 쓰세요.

<보기>　作　昨　根　銀　頭　短　失　球　公　共

❶ 이 문제에 대한 ⬜ 본적인 대책이 필요합니다.

❷ 다양한 물질로 만든 그릇들의 장 ⬜ 점을 생각해 보았습니다.

❸ 농구공과 야 ⬜ 방망이는 각각 무엇으로 만들어져 있을까요?

❹ ⬜ 금의 현실을 통탄하며 한 말씀 올리겠습니다.

❺ 이곳에는 구청, 시장, ⬜ 행, 영화관 등이 있습니다.

❻ 민지는 전학 오자마자 운동에서 단연 ⬜ 각을 나타냈습니다.

❼ 의사의 손동 ⬜ 은 물론, 수술 도구를 볼 수 있습니다.

❽ 도깨비가 가만히 들어보니 자기가 ⬜ 수한 것 같았어요.

❾ ⬜ 공장소에서는 작은 목소리로 말합니다.

❿ ⬜ 동 주택은 여러 사람이 모여 사는 집입니다.

6급 시험 기출 문제

맞힌 개수: /30 개

[1~10] 다음 한자어의 음(音: 소리)을 쓰세요.

〈보기〉   漢字 → 한자

1. **地球**에는 수많은 동물이 삽니다.
_____

2. 모든 일은 **根本**을 바로잡아야 해요.
_____

3. **昨今**^금의 현실을 돌아봅시다.
_____

4. 나는 학업에 **頭角**^각을 드러냈습니다.
_____

5. **短身**^신이지만 뛰어난 농구 선수도 있어요.
_____

6. 올여름은 **昨年** 여름보다 더워요.
_____

7. 경찰은 **公共**질서를 위해 봉사합니다.
_____

8. 절약하여 **銀行**에 저금을 합니다.
_____

9. **失手**는 고치면 좋은 경험이 됩니다.
_____

10. 부드러운 **動作**으로 체조를 합니다.
_____

[11~14] 다음 한자의 훈(訓: 뜻)과 음(音: 소리)을 쓰세요.

〈보기〉   字 → 글자 자

11. 昨 _____

12. 根 _____

13. 頭 _____

14. 球 _____

[15~18] 다음 밑줄 친 한자어의 한자를 쓰세요.

〈보기〉   국어 → 國語

15. 시장에 가서 옷이나 음식을 삽니다.
_____

16. 봉투에 주소와 성명을 쓰세요.
_____

17. 흰 눈이 온 세상을 덮었습니다.
_____

18. 시간 가는 줄 모르고 책을 읽습니다.
_____

[19~20] 다음 한자의 상대 또는 반대되는 글자를 골라 ☐ 안에 그 번호를 쓰세요.

19. 短: ①太 ②小 ③長 ④高 ☐

20. 頭: ①足 ②邑 ③失 ④公 ☐

[21~22] 다음 한자와 뜻이 비슷한 한자를 골라 ☐ 안에 그 번호를 쓰세요.

21. 共: ①外 ②同 ③球 ④訓 ☐

22. 章: ①文 ②科 ③公 ④根 ☐

[23~24] 다음 ☐ 안에 알맞은 한자를 〈보기〉에서 찾아 그 번호를 쓰세요.

〈보기〉
①作 ②昨 ③根 ④銀
⑤頭 ⑥短 ⑦失 ⑧球

23. ☐心三日: 단단히 먹은 마음이 사흘을 가지 못함

24. 一長一☐: 장점과 단점을 통틀어 이르는 말

[25~26] 다음 중 소리(音)는 같으나 뜻(訓)이 다른 한자를 골라 ☐ 안에 그 번호를 쓰세요.

25. 共: ①行 ②空 ③金 ④定 ☐

26. 球: ①銀 ②短 ③失 ④九 ☐

[27~28] 다음 한자어의 뜻을 풀이하세요.

27. 昨年 _____

28. 長短 _____

[29~30] 다음 한자의 짙게 표시한 획은 몇 번째 쓰는 획인지 〈보기〉에서 찾아 ☐ 안에 그 번호를 쓰세요.

〈보기〉
⑦ 일곱 번째   ⑧ 여덟 번째
⑨ 아홉 번째   ⑩ 열 번째
⑪ 열한 번째   ⑫ 열두 번째

29. 短 ☐

30. 球 ☐

🐱 헷갈리는 한자는 다시 써 보세요.

85

21 병들어 열나는 병 病, 침 놓고 약 먹이는 의원 醫

병 병

병 병은 병들어 침대에 누운 채(疒)
몸에서 불꽃처럼 열이 나는(丙)
모습을 나타내요.

의원 의

의원 의는 상자에서 화살 모양의 침을 꺼내(医)
허리 구부려 침을 놓고(殳),
술병의 약을 먹여 병 고치는(酉) 것을 뜻해요.

 풀이말을 큰 소리로 읽으며 획을 따라 쓰세요.

따라 써 봐!

` 一 广 广 疒

病	病	病	病
병들어 누운 채	불꽃처럼 열이 나는	병 병	병 □

一 一 二 三 吞 吞 医

醫	醫	醫	醫	醫
상자 안 화살 모양 침으로	허리 구부려 침 놓고	술병의 약 먹여 병 고치는	의원 의	의원 □

 病에서 疒(병들 녁)은 병들어 머리를 침대에 뉜 모양이고 丙(불꽃 병)은 아궁이의 불꽃이에요.
醫(의원 의)의 匸(감출 혜)는 상자예요. 그리고 酉(닭/술병 유)는 닭이 둥우리의 횃대에 서 있는 모양 또는 마개 있는 술병 모양을 나타내요.
반의어 病(병 병) ↔ 藥(약 약)

86

물방울 에 가려진 한자를 필순에 맞게 쓰고, 빈칸에 알맞은 훈과 음을 쓰세요.

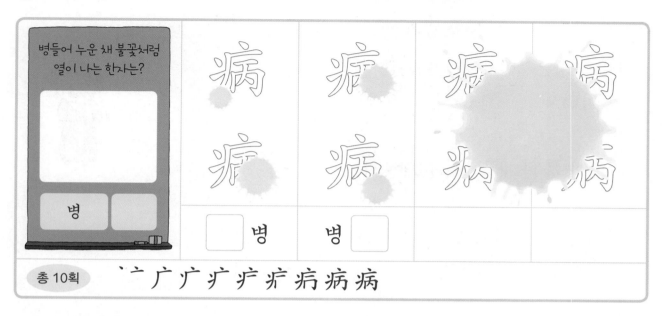

병들어 누운 채 불꽃처럼 열이 나는 한자는?

병

총 10획   丶 亠 广 广 疒 疒 疒 病 病 病

☐ 병   병 ☐

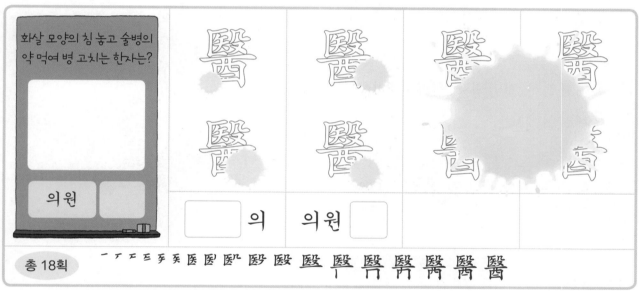

화살 모양의 침 놓고 술병의 약 먹여 병 고치는 한자는?

의원

총 18획   一 丆 匚 医 医 医 医 殴 殿 殿 毉 毉 醫 醫 醫 醫

☐ 의   의원 ☐

 한자의 음을 쓰세요.

❶ 병들어 몸이 약한 病弱   약

❷ 의학을 배우는 학과 醫科   과

❸ 병들어 누운 자리 病席   석

❹ 병 고치는 데 쓰는 약 醫藥   약

❺ 병이 나는 發病

❻ 이름난 의사 名醫

예습! 6급 한자 弱(약할 약) 科(과목 과) 席(자리 석) 藥(약 약)   복습! 한자 發(쏠/필 발) 名(이름 명)

문장을 소리 내어 읽고 한자의 음을 쓰세요.

소리 내어 문장 읽기	한자 음 쓰기
❶ 할머니는 늙어서 날이 갈수록 *病弱*해졌습니다.	☐ 약
❷ 형이 *醫科* 대학에 입학했습니다.	☐ 과
❸ 아버지는 *病席*에 누운 지 석 달 만에 건강해지셨습니다.	☐ 석
❹ *醫藥*품을 사려면 어디로 가야 하나요?	☐ 약
❺ 여름철은 전염병이 *發病*하기 쉬운 계절이에요.	☐ ☐
❻ 허준은 조선 시대의 *名醫*입니다.	☐ ☐

도전! 6급 시험 다음 밑줄 친 단어의 한자를 〈보기〉에서 고르세요.

〈보기〉 ① 發病   ② 病席   ③ 醫藥   ④ 名醫   ⑤ 病弱

1. 할아버지는 병약한 몸으로 힘든 일을 하십니다. _____

2. 나는 명의를 찾아 방방곡곡 돌아다녔습니다. _____

3. 의약품은 주의해서 복용해야 합니다. _____

4. 병석에 있는 친구에게 희망 편지를 씁니다. _____

말라 거꾸러져 죽을 死, 사람들이 줄 맞추는 법식 例

죽을 사

법식 례

죽을 사는 뼈에 살이 앙상할 정도로(歹)
말라 거꾸러져(匕) 죽는 모습을 나타내요.

법식 례는 사람들이(亻) 줄 맞추는(列)
모습을 나타낸 글자예요.
사람이 지켜야 할 생활 예절, 방식 등을 가리켜요.

 풀이말을 큰 소리로 읽으며 획을 따라 쓰세요.

따라 써 봐!

一 ア ラ 歹

死

뼈가 앙상할 정도로
말라

死

거꾸러져

死

죽을 사

死

죽을 □

亻 伊 佇 例 例 例

例

사람들이

例

나란히
줄 맞추는

例

법식 례

例

법식 □

 死(죽을 사)에서 歹(뼈앙상할 알)은 뼈에 살이 앙상하게 붙은 모습을 나타내요.
例(법식 례)에서 刂(벌일 렬)은 뼈를 칼로 발라내 나란히 벌여 놓은 모습을 가리켜요. 刂에서 刂(칼도방)는 刀(칼 도)를 간략히
줄인 모양이에요.

반의어 死(죽을 사) ↔ 活(살 활), 死(죽을 사) ↔ 生(날 생)

89

물방울 ⬤ 에 가려진 한자를 필순에 맞게 쓰고, 빈칸에 알맞은 훈과 음을 쓰세요.

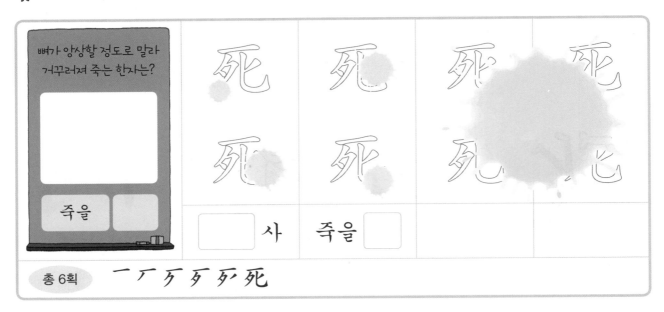

뼈가 앙상할 정도로 말라 거꾸러져 죽는 한자는?	死	死	死	死
	死	死	死	死
죽을	☐ 사	죽을 ☐		
총 6획 一 ㄱ �5 � 夕 夗 死				

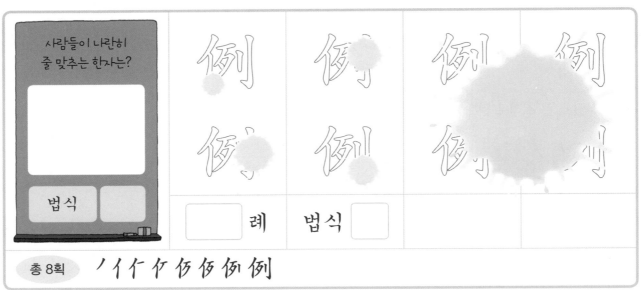

사람들이 나란히 줄 맞추는 한자는?	例	例	例	例
	例	例	例	例
법식	☐ 례	법식 ☐		
총 8획 ノ 亻 仃 伊 佀 例 例				

 한자의 음을 쓰세요.

❶ 죽고 사는 것 **死活** ☐

❷ 예로 보여 주는 문장 **例文** ☐

❸ 죽어서 이별하는 **死別** ☐ 별

❹ 예에서 벗어나는 **例外** ☐

❺ 삶과 죽음 **生死** ☐

❻ 일이 일어난 예 **事例** ☐

예습! 6급 한자 別(나눌/다를 별)　**복습! 한자** 活(살 활) 文(글월 문) 外(바깥 외) 生(날 생) 事(일 사)

문장을 소리 내어 읽고 한자의 음을 쓰세요.

소리 내어 문장 읽기	한자 음 쓰기
① 회사의 **死活**을 걸고 모든 직원이 상품을 알리러 나섰습니다.	☐ ☐
② 선생님은 **例文**을 들어 가며 단어 뜻을 설명하셨습니다.	☐ ☐
③ 아버지는 어머니와 **死別**한 뒤 무척 슬퍼하셨습니다.	☐ 별
④ 군대에서는 단 한 명도 **例外**가 있을 수 없습니다.	☐ ☐
⑤ 동생은 교통사고를 당해 **生死**의 갈림길에 섰어요.	☐ ☐
⑥ 자연 보호에 성공한 **事例**를 찾아봅시다.	☐ ☐

도전! 6급 시험 다음 밑줄 친 단어의 한자를 <보기>에서 고르세요.

<보기> ① 死活   ② 例文   ③ 例外   ④ 事例   ⑤ 生死

1. <u>생사</u>화복은 하늘에 달려 있습니다. _____

2. 이번 해외 진출에 우리 회사의 <u>사활</u>이 걸려 있습니다. _____

3. 구체적인 <u>사례</u>를 들어 설명해 보세요. _____

4. 어떤 경우에 <u>예외</u>로 인정받을 수 있을까요? _____

23 여자 몸에 아기 생기니 비로소 始, 밥 먹고 물 마실 飮

始

비로소 시

비로소 시는 여자 몸속에(女)
팔 구부리고(厶) 입 오므린(口)
아기가 비로소 생겼다는 뜻을 나타내요.

飮

마실 음

마실 음은 밥 먹고 나서(食)
하품하듯 입 벌려 물 마시는(欠) 모습을
나타낸 글자예요.

 풀이말을 큰 소리로 읽으며 획을 따라 쓰세요.

따라 써 봐!

始	始	始	始	始
여자 몸속에	팔 구부리고	입 오므린 아기가 생기니	비로소 시	비로소 ☐

 ノ 人 人 今 今 今 食 食 食

飮	飮	飮	飮
밥 먹고 나서	하품하듯 입 벌려 물을	마실 음	마실 ☐

 始(비로소 시)의 비로소는 마침내, 드디어와 같은 뜻이에요.

물방울 ⬤ 에 가려진 한자를 필순에 맞게 쓰고, 빈칸에 알맞은 훈과 음을 쓰세요.

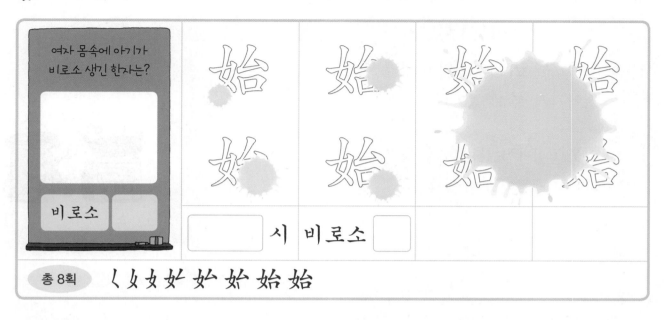

여자 몸속에 아기가
비로소 생긴 한자는?

비로소

□ 시 비로소 □

총 8획   ㄥ ㄣ ㄥ ㄥㄣ ㄥㄞ ㄥㄞ 始 始

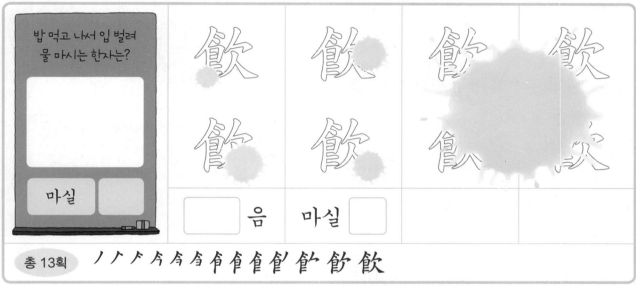

밥 먹고 나서 입 벌려
물 마시는 한자는?

마실

□ 음 마실 □

총 13획   ノ ノ ㇞ ㇏ 今 今 㣺 㣺 㣺 㣺 飮 飮 飮

 한자의 음을 쓰세요.

❶ 일의 맨 처음 始作 [　　]

❷ 먹고 마시는 것 飮食 [　　]

❸ 맨 처음 조상 始祖 [　　]

❹ 마시는 물 飮用水 [　　용]

❺ 일을 시작하는 開始 [개　]

❻ 먹고 마시는 食飮 [　　]

예습! 6급 한자 用(쓸 용) 開(열 개)   복습! 한자 作(지을 작) 食(먹을 식) 祖(할아비 조) 水(물 수)

93

소리 내어 문장 읽기	한자 음 쓰기
국어3 ① 한 잎, 두 잎, 나뭇잎이 바람에 떨어지기 **始作**했어요.	☐☐
사회3 ② 이웃 고장에 맛있는 **飮食**을 파는 가게들이 모여 있습니다.	☐☐
③ 우리 민족의 **始祖**는 단군입니다.	☐☐
④ 서울시의 수돗물 '아리수'는 **飮用水**로 알맞아요.	☐ 용 ☐
⑤ **國軍**은 오늘 아침 공격을 **開始** 했습니다.	☐☐ , 개 ☐ • 國(나라 국) 軍(군사 군)
⑥ 나는 속상한 나머지 어제부터 **食飮**을 끊고 자리에 누웠습니다.	☐☐

도전! 6급 시험 다음 밑줄 친 단어의 한자를 〈보기〉에서 고르세요.

〈보기〉 ① 始作 ② 始祖 ③ 食飮 ④ 飮食 ⑤ 開始

1. 수업 시작을 알리는 벨이 울렸습니다. _____
2. 좋은 음식을 먹어야 건강해집니다. _____
3. 우리 집안의 시조는 박혁거세입니다. _____
4. 장사를 개시하자마자 많은 손님이 몰렸습니다. _____

24 배 나와 허리 짚는 몸 身, 지팡이로 이놈 저놈 하는 놈 者

身
몸 신

몸 신은 아기 가진 여자가 고개를 젖힌 채(宀),
오른팔로 불룩한 배를(彡) 안고
왼팔로 허리를 짚은(丿) 모습을 나타내요.

者
놈 자

놈 자는 노인이 팔 들고(土) 지팡이로
여기저기 가리키며(丿) '이놈 저놈' 하는(日)
모습을 가리켜요.

 풀이말을 큰 소리로 읽으며 획을 따라 쓰세요.

따라 써 봐!

| 고개 젖힌 채 | 한 팔로 불룩한 배를 안고 | 한 팔로 허리 짚는 | 몸 신 | 몸 |

 者 者 者 者

| 팔 들고 | 지팡이로 가리키며 | 입 벌려 이놈 저놈 하는 | 놈 자 | 놈 |

 者(놈 자)에서 耂(늙을 로)는 팔 벌린 사람(土)이 지팡이(丿)를 든 모양으로 老(늙을 로), 孝(효도 효)에도 쓰여요.
유의어 身(몸 신) — 體(몸 체)
반의어 身(몸 신) ↔ 心(마음 심)

물방울 ⬤ 에 가려진 한자를 필순에 맞게 쓰고, 빈칸에 알맞은 훈과 음을 쓰세요.

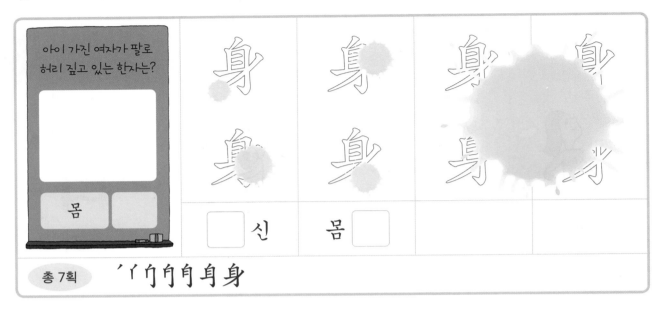

아이 가진 여자가 팔로
허리 짚고 있는 한자는?

몸

총 7획 　丿丿冂匃自身身

☐ 신　　몸 ☐

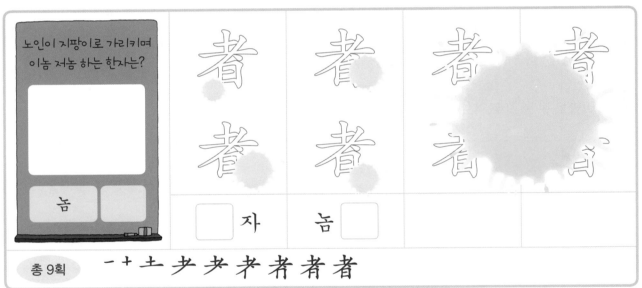

노인이 지팡이로 가리키며
이놈 저놈 하는 한자는?

놈

총 9획 　一十土耂耂耂者者者

☐ 자　　놈 ☐

 한자의 음을 쓰세요.

❶ 사람의 몸 **身體** ☐ 체

❷ 기사를 쓰는 사람 **記者** ☐

❸ 자기 몸 또는 자기 **自身** ☐

❹ 책을 읽는 사람 **讀者** ☐

❺ 마음과 몸 **心身** ☐

❻ 이긴 사람 **勝者** ☐ 승

예습! 6급 한자 　體(몸 체) 勝(이길 승)　복습! 한자 　記(기록할 기) 自(스스로 자) 讀(읽을 독) 心(마음 심)

문장을 소리 내어 읽고 한자의 음을 쓰세요.

소리 내어 문장 읽기	한자 음 쓰기	
❶ **身體**가 건강해야 정신도 건강합니다.	☐ 체	
❷ 신문과 방송에서 **記者**의 역할은 아주 중요해요.	☐ ☐	
^{국어3} ❸ 친구들이 목청껏 **自身**의 이름을 부르고 있었으니까요.	☐ ☐	
❹ 출판사에서 **作家**와 **讀者**가 만나는 자리를 마련했습니다.	☐ ☐ , ☐ ☐ • 作(지을 작) 家(집 가)	
❺ 조용한 음악은 **心身**을 안정시켜 줍니다.	☐ ☐	
❻ 고구려, 백제, 신라 가운데 신라가 최후의 **勝者**가 되었습니다.	승 ☐	

도전! 6급 시험 다음 밑줄 친 단어의 한자를 〈보기〉에서 고르세요.

〈보기〉 　①身體　　②心身　　③讀者　　④勝者　　⑤記者

1. 신체를 건강하게 하려고 운동을 합니다. ＿＿＿

2. 푸른 하늘이 피곤한 심신을 안정시켰습니다. ＿＿＿

3. 기자는 신문사나 방송국에서 일합니다. ＿＿＿

4. 글을 쓸 때 누가 독자인지 늘 생각해야 합니다. ＿＿＿

 **25** 사람 부리는 하여금 使, 입 벌려 호랑이처럼 부르는 이름 號

 使
하여금 사

 號
이름 호

하여금 사는 사람이(亻)
일하도록 벼슬아치가 입 벌려 부리는(吏)
모습을 나타내요.

이름 호는 입 벌려 소리치며(号)
호랑이처럼 큰 소리로 이름 부르는(虎)
모습을 가리켜요.

 풀이말을 큰 소리로 읽으며 획을 따라 쓰세요.

따라 써 봐!

亻 亻 仁 仁 伊 使

使　　使　　使　　使
사람으로　　벼슬아치가　　하여금 사　　하여금
하여금　　입 벌려 부리는

号 号 号 号 号 號 號 號

號　　號　　號　　號
입 벌려　　호랑이처럼　　이름 호　　이름
소리치며　　부르는

 使(하여금 사)에서 吏(벼슬아치 리)는 윗사람(一)이 입 벌리고(口) 아랫사람에게(丿) 일을 시키는(乀) 것을 나타내요. 使(하여금 사)는 '부릴 사'라는 훈음도 있어요.
號(이름 호)에서 虎(범 호)는 호랑이의 눈과 입, 이빨, 다리를 나타내요.
유의어 號(이름 호) ― 名(이름 명)

물방울 ⬤ 에 가려진 한자를 필순에 맞게 쓰고, 빈칸에 알맞은 훈과 음을 쓰세요.

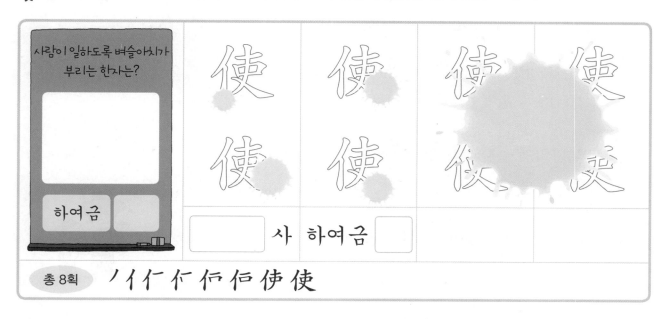

| | 사 하여금 | |

사람이 일하도록 벼슬아치가 부리는 한자는?

하여금

총 8획　ノ 亻 亻 仁 仁 仁 使 使

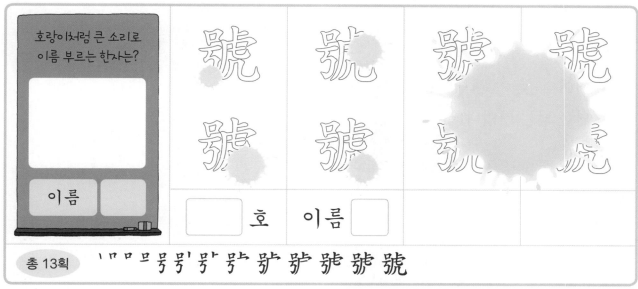

| | 호　이름 | |

호랑이처럼 큰 소리로 이름 부르는 한자는?

이름

총 13획　丶 口 口 므 号 号 号 号 号 号 號 號 號

 한자의 음을 쓰세요.

❶ 사람을 부려 쓰는 **使用** [　　] 용　❷ 어떤 뜻을 나타내는 **記號** [　　]

❸ 윗사람이 부리는 사람 **使者** [　　]　❹ 같음을 나타내는 **等號** 등[　]

❺ 맡겨진 일 **使命** [　　]　❻ 약속해서 정한 **信號** [　　]

예습! 6급 한자　用(쓸 용) 等(무리 등)　복습! 한자　記(기록할 기) 者(놈 자) 命(목숨 명) 信(믿을 신)

문장을 소리 내어 읽고 한자의 음을 쓰세요.

소리 내어 문장 읽기	한자 음 쓰기
^{과학 3} ❶ 깔때기를 使用해서 음료수 병에 옮깁니다.	☐ 용
^{과학 3} ❷ 새의 다리에 숫자와 記號를 적은 가락지를 달기도 합니다.	☐ ☐
❸ 사람이 죽으면 저승 使者가 혼을 데리러 온다고 해요.	☐ ☐
❹ 等號는 數學에서 수의 같음을 나타내는 기호입니다. • 數(셈 수) 學(배울 학)	등 ☐ , ☐ ☐
❺ 연어의 使命은 태어난 곳으로 돌아가 알을 낳는 것입니다.	☐ ☐
^{과학 3} ❻ 위성 항법 장치는 인공위성으로부터 信號를 받습니다.	☐ ☐

도전! 6급 시험 다음 밑줄 친 단어의 한자를 〈보기〉에서 고르세요.

〈보기〉 　①使用　②使命　③記號　④信號　⑤等號

1. 종이를 아껴서 <u>사용</u>합시다. _____
2. 학생의 가장 큰 <u>사명</u>은 공부입니다. _____
3. 교통 <u>신호</u> 체계가 편리하게 바뀌었습니다. _____
4. 수학책에는 여러 가지 <u>기호</u>가 많이 나옵니다. _____

1. ① 2. ② 3. ④ 4. ③

복습해 볼까요?

 빈칸에 알맞은 한자와 훈음을 쓰세요.

 놈 자	 飮	 몸 신	 例	 비로소 시
  병 병	 죽을 사	 醫	 하여금 사	 號
 법식 례	 의원 의	 마실 음	 病	 始

빈칸에 알맞은 한자를 <보기>에서 찾아 쓰세요.

<보기> 病 醫 死 例 始 飲 身 者 使 號

① 한 잎, 두 잎, 나뭇잎이 바람에 떨어지기 ▢ 작했어요.

② 이웃 고장에 맛있는 ▢ 식을 파는 가게들이 모여 있습니다.

③ ▢ 체가 건강해야 정신도 건강합니다.

④ 깔때기를 ▢ 용하여 원래 음료수 병에 옮깁니다.

⑤ 동생은 교통사고로 생 ▢ 의 갈림길에 섰습니다.

⑥ 할머니는 나이 들어 몸이 ▢ 약해졌습니다.

⑦ 병을 잘 고쳐 이름난 의사를 명 ▢ 라고 합니다.

⑧ 구체적인 사 ▢ 를 들어 설명해 보세요.

⑨ 이제 출발해도 된다는 신 ▢ 가 왔습니다.

⑩ 출판사는 작가와 독 ▢ 가 만나는 자리를 마련했습니다.

[1~10] 다음 한자어의 음(音: 소리)을 쓰세요.

〈보기〉 漢字 → 한자

1. 수업 **始作**을 알리는 벨이 울렸습니다.

　　　　　_____

2. **飮食**을 골고루 먹어야 건강합니다.

　　　　　_____

3. 허준은 조선 시대의 **名醫**입니다.

　　　　　_____

4. 삼촌은 **生死**의 갈림길에 있습니다.

　　　　　_____

5. 우리 모두 **使命**감을 가져야 해요.

　　　　　_____

6. **心身**을 모두 잘 단련해야 건강합니다.

　　　　　_____

7. 교통 **信號**를 잘 살핍시다.

　　　　　_____

8. 나이가 들어 몸이 **病弱**^약해졌습니다.

　　　　　_____

9. 생명을 소중히 여긴 **事例**입니다.

　　　　　_____

10. 신문에서 **記者**의 역할은 무척 커요.

　　　　　_____

[11~14] 다음 한자의 훈(訓: 뜻)과 음(音: 소리)을 쓰세요.

〈보기〉 字 → 글자 자

11. 醫 _____

12. 例 _____

13. 飮 _____

14. 號 _____

[15~18] 다음 밑줄 친 한자어의 한자를 쓰세요.

〈보기〉 국어 → 國語

15. 이것은 조선 왕실의 보물입니다.

　　　　　_____

16. 극장 입구에 사람들이 몰렸습니다.

　　　　　_____

17. 조상의 유물을 소중히 간직합니다.

　　　　　_____

18. 해군은 바다를 지킵니다.

　　　　　_____

[19~20] 다음 한자의 상대 또는 반대되는 글자를 골라 ☐ 안에 그 번호를 쓰세요.

19. 死: ① 生 ② 有 ③ 大 ④ 主 ☐

20. 身: ① 古 ② 心 ③ 圖 ④ 庭 ☐

[21~22] 다음 한자와 뜻이 비슷한 한자를 골라 ☐ 안에 그 번호를 쓰세요.

21. 算: ① 數 ② 始 ③ 者 ④ 室 ☐

22. 號: ① 山 ② 名 ③ 飲 ④ 書 ☐

[23~24] 다음 ☐ 안에 알맞은 한자를 <보기>에서 찾아 그 번호를 쓰세요.

<보기>
① 病 ② 醫 ③ 死 ④ 例
⑤ 始 ⑥ 飲 ⑦ 身 ⑧ 者

23. 九 ☐ 一生: 아홉 번 죽을 뻔하다 한 번 살아남

24. 韓方 ☐ 術: 우리나라 처방으로 병을 고치는 기술

[25~26] 다음 중 소리(音)는 같으나 뜻(訓)이 다른 한자를 골라 ☐ 안에 그 번호를 쓰세요.

25. 使: ① 死 ② 作 ③ 頭 ④ 信 ☐

26. 飲: ① 始 ② 音 ③ 太 ④ 例 ☐

[27~28] 다음 한자어의 뜻을 풀이하세요.

27. 醫術 _____

28. 病者 _____

[29~30] 다음 한자의 짙게 표시한 획은 몇 번째 쓰는 획인지 <보기>에서 찾아 ☐ 안에 그 번호를 쓰세요.

<보기>
⑥ 여섯 번째   ⑦ 일곱 번째
⑧ 여덟 번째   ⑨ 아홉 번째
⑩ 열 번째   ⑪ 열한 번째

29. 飲 ☐

30. 病 ☐

🐱 헷갈리는 한자는 다시 써 보세요.

빈출! 한자어 쓰기

 빈칸에 알맞은 한자와 훈음을 쓰세요.

빈출 순위	한자어	쓰기	훈과 음 쓰기		한자 한 번 더 쓰기
1	오전	午前	낮 오	앞 전	午前
2	형제	兄弟	형 형	아우 제	
3	교육	敎育	가르칠 교	기를 육	
4	입구	入口	들 입	입 구	
5	시간	時間	때 시	사이 간	
6	전기	電氣	번개 전	기운 기	
7	안심	安心	편안 안	마음 심	
8	시장	市場	저자 시	마당 장	
9	자연	自然	스스로 자	그럴 연	
10	효도	孝道	효도 효	길 도	

 빈칸에 알맞은 한자와 훈음을 쓰세요.

빈출 순위	한자어	쓰기	훈과 음 쓰기		한자 한 번 더 쓰기
11	사방	四方	넉 사	모 방	
12	좌우	左右	왼 좌	오른 우	
13	세상	世上	인간 세	윗 상	
14	소중	所重	바 소	무거울 중	
15	수족	手足	손 수	발 족	
16	식물	植物	심을 식	물건 물	
17	중심	中心	가운데 중	마음 심	
18	공장	工場	장인 공	마당 장	
19	부모	父母	아비 부	어미 모	
20	생명	生命	날 생	목숨 명	

빈출 순위	한자어	쓰기	훈과 음 쓰기		한자 한 번 더 쓰기
21	수학	數學	셈 수	배울 학	
22	조상	祖上	할아비 조	윗 상	
23	매일	每日	매양 매	날 일	
24	실내	室內	집 실	안 내	
25	동시	同時	한가지 동	때 시	
26	등산	登山	오를 등	메 산	
27	오후	午後	낮 오	뒤 후	
28	공백	空白	빌 공	흰 백	
29	내외	內外	안 내	바깥 외	
30	일기	日記	날 일	기록할 기	

 빈칸에 알맞은 한자와 훈음을 쓰세요.

빈출 순위	한자어	쓰기	훈과 음 쓰기		한자 한 번 더 쓰기
31	주민	住民	살 주	백성 민	
32	백기	白旗	흰 백	기 기	
33	직립	直立	곧을 직	설 립	
34	천리	千里	일천 천	마을 리	
35	강산	江山	강 강	메 산	
36	생물	生物	날 생	물건 물	
37	해군	海軍	바다 해	군사 군	
38	노인	老人	늙을 로	사람 인	
39	백성	百姓	일백 백	성씨 성	
40	시내	市內	저자 시	안 내	

모의 한자능력검정시험

- 출제 기준 : ㈜한국어문회 한자능력검정시험
  * 2017년 8월 시험부터 변경된 출제 유형 반영
- 출제 범위 : '바빠 급수 한자 - 6급' 1권 한자(7, 8급 배정 한자 포함)

- 시험 시간 : 50분
- 시험 문항 : 90문항

채점한 후 확인해 보세요!

회차	1회	2회
맞힌 문항 수		

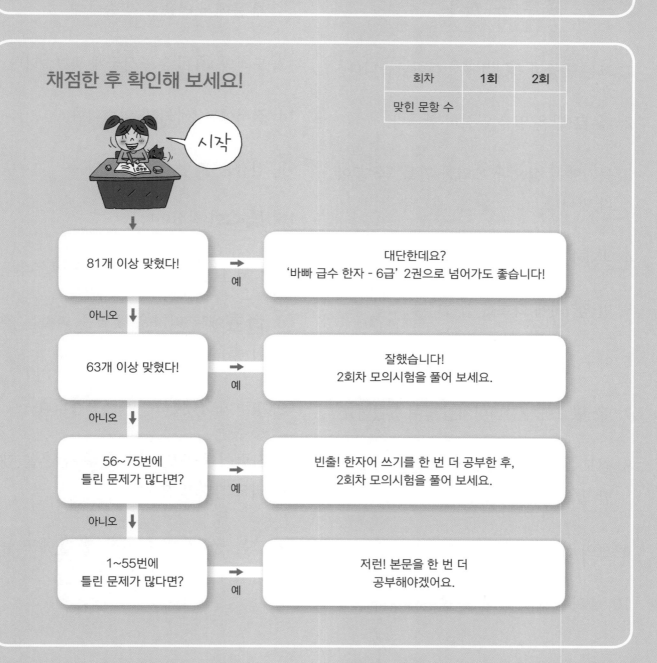

시작

81개 이상 맞혔다! → 예 → 대단한데요?
'바빠 급수 한자 - 6급' 2권으로 넘어가도 좋습니다!

아니오 ↓

63개 이상 맞혔다! → 예 → 잘했습니다!
2회차 모의시험을 풀어 보세요.

아니오 ↓

56~75번에
틀린 문제가 많다면? → 예 → 빈출! 한자어 쓰기를 한 번 더 공부한 후,
2회차 모의시험을 풀어 보세요.

아니오 ↓

1~55번에
틀린 문제가 많다면? → 예 → 저런! 본문을 한 번 더
공부해야겠어요.

※ 1권에서 배운 한자를 기준으로 출제하였습니다.

[1~33] 다음 밑줄 친 한자어의 음(音: 소리)을 쓰세요.

〈보기〉 漢字 → 한자

1. 그는 훌륭한 **家門**에서 태어났습니다.

2. **各自** 맡은 일을 열심히 합니다.

3. 듣기에는 싫으나 유익한 말을 **苦言**이라 합니다.

4. **共同** 주택을 짓고 모여서 삽니다.

5. 빈 **空間**에 화초를 심습니다.

6. 야구 **球場**을 새로 짓습니다.

7. **金銀**보화가 산더미처럼 쌓여 있었어요.

8. 겉모습보다는 **内面**을 가꾸려고 노력할 필요가 있습니다.

9. 그의 삶은 **短命**으로 끝났습니다.

10. 출판사에서 **圖書**를 출판합니다.

11. **道術**이 뛰어난 도사를 보았습니다.

12. **動物** 염료는 오징어 먹물과 벌레, 조개 등에서 얻을 수 있습니다.

13. 도적의 **頭目**은 험상궂게 생겼습니다.

14. 질서에는 **例外**가 없습니다.

15. 인간은 **萬物**의 영장이다.

16. **民心**이 천심이다.

17. 수력 **發電**으로 많은 전기를 얻습니다.

18. **白晝**에는 따가운 햇볕을 피하는 것이 좋습니다.

19. 명령에 **不服**하면 처벌받습니다.

20. 사람이 죽으면 저승 **使者**가 혼을 데리고 간다고 합니다.

21. 그는 공부뿐만 아니라 **書畫**에도 능합니다.

22. 이 체온계 속에는 **水銀**이 들어 있습니다.

23. 자기 집안의 **始祖**가 누구신지는 잘 알아 두어야 합니다.

24. 거지 **身世**가 되어 고향으로 돌아왔습니다.

25. 절약하여 **銀行**에 저금을 합니다.

26. 사건이 **意外**의 방향으로 전개되었습니다.

27. 이해하기 쉽게 **一例**를 들어 보겠습니다.

28. 한민족은 해 뜨는 곳을 찾아 이동하여 한반도에 **定住**하였습니다.

29. **地球**에는 수많은 동물이 살고 있습니다.

30. **夏服**이 시원해 보여요.

31. 더운 날씨에도 군인들은 **行軍**합니다.

32. **現物**로 세금을 낸 적도 있었습니다.

33. 이야기의 말머리를 **話頭**라고 합니다.

[34~55] 다음 한자의 훈(訓: 뜻)과 음(音: 소리)을 쓰세요.

<보기>   字 → 글자 자

34. 信

35. 根

36. 頭

37. 始

38. 愛

39. 歌

40. 交

41. 意

42. 旗

43. 登

44. 每

45. 書

46. 飮

47. 直

48. 休

49. 共

50. 球

51. 急

52. 南

53. 農

54. 短

55. 動

[56~75] 다음 밑줄 친 한자어의 한자를 쓰세요.

<보기>   국어 → 國語

56. 백화점 개점 시간은 오전 10시입니다.

57. 교육은 나라의 미래를 위한 투자입니다.

58. 그들은 사이좋은 형제예요.

59. 극장 입구에 사람들이 몰렸습니다.

60. 길을 건널 때는 좌우를 잘 살펴보면서 건너야 합니다.

61. 노인들은 우대를 받습니다.

62. 수목원에서 아름다운 자연을 느끼시기 바랍니다.

63. 사방으로 길이 뚫렸습니다.

64. 시장에 가서 옷이나 음식을 삽니다.

65. 약수라고 모두 안심하고 마시면 안 됩니다.

66. 생명보다 귀중한 것은 없습니다.

67. 전자제품 공장에서 일합니다.

68. 일요일에 부모님과 함께 등산을 했습니다.

69. 현대인들은 백열등이나 형광등처럼 전기를 써서 나오는 빛을 이용합니다.

70. 매일 밤 일기를 씁니다.

71. 요즘은 밥 먹을 시간도 없이 바빠요.

72. 실내 공기가 탁해서 창문을 열었습니다.

73. 동시에 출발했지만 형이 제일 먼저 도착했습니다.

74. 수학은 내가 제일 좋아하는 과목입니다.

75. 부모님의 마음은 바다와 같이 넓습니다.

[76~78] 다음 한자의 상대 또는 반대되는 글자를 골라 그 번호를 쓰세요.

76. 手: ①花 ②古 ③失 ④足

77. 長: ①作 ②短 ③車 ④共

78. 兄: ①弟 ②例 ③太 ④交

[79~80] 다음 한자와 뜻이 비슷한 한자를 골라 그 번호를 쓰세요.

79. 圖: ①書 ②畫 ③畵 ④現

80. 共: ①外 ②同 ③飮 ④訓

[81~83] 다음 [ ] 안에 알맞은 한자를 〈보기〉에서 찾아 그 번호를 쓰세요.

〈보기〉 ①太 ②死 ③言 ④夏 ⑤音 ⑥古 ⑦行 ⑧中

81. 春[ ]秋冬: 봄, 여름, 가을, 겨울의 네 계절

82. 九[ ]一生: 여러 번 죽을 고비를 넘고 겨우 살아남

83. 十[ ]八九: 열이면 여덟이나 아홉은 그러함

[84~85] 다음 중 소리(音)는 같으나 뜻(訓)이 다른 한자를 골라 그 번호를 쓰세요.

84. 花: ①意 ②畫 ③土 ④祖

85. 章: ①場 ②死 ③文 ④現

최신 출제 유형
[86~87] 다음 뜻에 맞는 한자어를 〈보기〉에서 찾아 그 번호를 쓰세요.

〈보기〉 ①名醫 ②計算 ③短身 ④長短 ⑤昨年 ⑥道路

86. 작은 키의 몸   87. 이름난 의사

[88~90] 다음 한자의 짙게 표시한 획은 몇 번째 쓰는 획인지 〈보기〉에서 찾아 그 번호를 쓰세요.

〈보기〉
① 첫 번째   ② 두 번째
③ 세 번째   ④ 네 번째
⑤ 다섯 번째   ⑥ 여섯 번째
⑦ 일곱 번째   ⑧ 여덟 번째
⑨ 아홉 번째   ⑩ 열 번째

88. 夏

89. 軍

90. 邑

모의 한자능력검정시험

※ 1권에서 배운 한자를 기준으로 출제하였습니다.

[1~33] 다음 밑줄 친 한자어의 음(音: 소리)을 쓰세요.

<보기> 漢字 → 한자

1. 그는 화목한 **家庭**에서 자랐습니다.

2. 둘 사이를 멀어지게 하려고 **間言**을 합니다.

3. 경찰은 **公共**의 질서를 위해 봉사합니다.

4. 형제가 넓은 땅을 **共有**하고 있습니다.

5. 개교기념일에 **校歌**를 합창합니다.

6. **軍歌**를 씩씩하게 부릅니다.

7. **急行** 열차가 방금 출발했어요.

8. 비어 있는 **農家**들이 많습니다.

9. **短身**이지만 뛰어난 농구 선수도 있습니다.

10. **圖章**을 함부로 사용해서는 안 됩니다.

11. **讀書**는 정신의 양식입니다.

12. 일을 빠른 **動作**으로 처리합니다.

13. 서류를 **登記**로 보냅니다.

14. **路面**이 고르지 못해 자칫하면 교통사고가 나기 쉽습니다.

15. 회사에서 그는 **名目**뿐인 사장입니다.

16. **民意**를 잘 파악해야 좋은 지도자가 됩니다.

17. 태극기를 보자 애국심이 **發現**되었습니다.

18. 독감으로 인한 **病苦**가 아주 심합니다.

19. 생명을 소중히 여긴 **事例**를 찾아보세요.

20. 1등을 하기 위해 **死力**을 다해 뛰었습니다.

21. 우리나라 선수가 **先頭**로 결승선에 들어왔습니다.

22. **始發**점에서 같은 시간에 출발했습니다.

23. **時計**를 보니 벌써 아홉 시예요.

24. **失手**는 고치면 좋은 경험이 될 수 있습니다.

25. 김치는 우리의 고유 **飮食**입니다.

26. 그가 어떻게 생각하는지 **意中**을 떠보았습니다.

27. 단위는 사물을 측정하는 **一定**한 기준입니다.

28. 재미있었던 책의 **題目**을 써 봅시다.

29. 그림 **地圖**는 한눈에 알아보기 쉽게 기호와 그림으로 그린 지도예요.

30. 4학년은 다섯 **學級**씩 있습니다.

31. 우리의 생각을 **行動**으로 옮깁시다.

32. 신문사에서 **號外**를 발행했습니다.

33. 그는 유명한 **畵工**입니다.

[34~55] 다음 한자의 훈(訓: 뜻)과 음(音: 소리)을 쓰세요.

〈보기〉 字 → 글자 자

34. 立

35. 病

36. 失

37. 育

38. 夏

39. 現

40. 號

41. 花

42. 活

43. 各

44. 計

45. 苦

46. 圖

47. 來

48. 路

49. 使

50. 植

51. 醫

52. 昨

53. 庭

54. 重

55. 川

[56~75] 다음 밑줄 친 한자어의 한자를 쓰세요.

<보기>　국어　→　國語

56. 하늘이 높고 푸른 가을날 오후입니다.

57. 조상들의 문화 중에서 후손들에게 물려줄 만한 가치가 있는 것을 문화재라고 합니다.

58. 백성을 잘 섬기는 정치가 필요합니다.

59. 여기에 성명을 써 주십시오.

60. 해군은 바다를 지킵니다.

61. 교지 편집위원 중 한 사람이 후기를 쓰기로 했습니다.

62. 사람은 직립 보행을 합니다.

63. 식물의 성장에는 햇빛이 필요합니다.

64. 화살은 과녁의 중심을 꿰뚫었습니다.

65. 가정의 소중함을 잊어서는 안 됩니다.

66. 우리나라의 대표적인 명절은 설과 추석입니다.

67. 적군이 백기를 들고 항복했습니다.

68. 흰 눈이 온 세상을 덮었습니다.

69. 모든 생물은 존중되어야 합니다.

70. 영화가 끝난 후 출구가 좁아서 사람이 밀렸습니다.

71. 산수는 수를 계산하는 방법입니다.

72. 왕의 수족이 되어 열심히 일했습니다.

73. 시내는 사람이 많아 복잡합니다.

74. 무궁화 삼천리 화려 강산

75. 현실에 안주하지 않고, 미래를 위해 노력합니다.

[76~78] 다음 한자의 상대 또는 반대되는 글자를 골라 그 번호를 쓰세요.

76. 冬 : ①行　②夏　③金　④畵

77. 老 : ①級　②路　③少　④面

78. 死 : ①病　②身　③活　④祖

[79~80] 다음 한자와 뜻이 비슷한 한자를 골라 그 번호를 쓰세요.

79. 訓 : ①教　②信　③讀　④計

80. 文 : ①意　②章　③交　④音

[81~83] 다음 ☐ 안에 알맞은 한자를 〈보기〉에서 찾아 그 번호를 쓰세요.

〈보기〉 ①計　②術　③發　④路　⑤青　⑥愛　⑦庭　⑧題

81. 三十六 ☐ : 서른여섯 가지의 꾀

82. 二八 ☐ 春 : 16세 무렵의 꽃다운 청춘

83. 百 ☐ 百中 : 백 번 쏘아 백 번 맞힘

[84~85] 다음 중 소리(音)는 같으나 뜻(訓)이 다른 한자를 골라 그 번호를 쓰세요.

84. 使 : ①信　②植　③服　④死

85. 飮 : ①公　②音　③太　④病

[86~87] 다음 뜻에 맞는 한자어를 〈보기〉에서 찾아 그 번호를 쓰세요.

〈보기〉 ①文章　②銀行　③書畵　④意圖　⑤病者　⑥醫術

86. 글씨와 그림　　　87. 의원의 재주

[88~90] 다음 한자의 짙게 표시한 획은 몇 번째 쓰는 획인지 〈보기〉에서 찾아 그 번호를 쓰세요.

〈보기〉 ① 첫 번째　② 두 번째　③ 세 번째　④ 네 번째　⑤ 다섯 번째　⑥ 여섯 번째　⑦ 일곱 번째　⑧ 여덟 번째　⑨ 아홉 번째　⑩ 열 번째

88. 秋

89. 海

90. 便

총정리 01 01~05과 복습

26쪽

❶ 太 ❷ 計 ❸ 讀 ❹ 交 ❺ 章
❻ 信 ❼ 意 ❽ 訓 ❾ 言 ❿ 音

27~28쪽

1. 독서 2. 태양 3. 교통 4. 계산 5. 소신 6. 언행 7. 문장
8. 교훈 9. 의도 10. 화음 11. 뜻 의 12. 읽을 독 13. 믿을 신
14. 글 장 15. 兄弟 16. 父母 17. 教室 18. 學校 19. ④ 老
20. ④ 前 21. ① 教 22. ④ 語 23. ③ 言 24. ⑦ 計 25. ① 場
26. ③ 旗 27. 수를 헤아림 28. 믿는 마음 29. ⑧ 여덟 번째
30. ⑥ 여섯 번째

총정리 02 06~10과 복습

45쪽

❶ 晝 ❷ 苦 ❸ 古 ❹ 圖 ❺ 急
❻ 發 ❼ 書 ❽ 服 ❾ 級 ❿ 畫

46~47쪽

1. 고금 2. 주야 3. 급행 4. 고락 5. 급속 6. 도서 7. 발명
8. 화가 9. 등급 10. 양복 11. 쓸 고 12. 낮 주 13. 급할 급
14. 옷 복 15. 左右 16. 教育 17. 火山 18. 每日 19. ④ 手
20. ① 秋 21. ④ 午 22. ③ 晝 23. ③ 書 24. ⑧ 發
25. ② 主 26. ④ 急 27. 책을 읽음
28. 여름 옷 29. ⑤ 다섯 번째 30. ⑦ 일곱 번째

총정리 03 11~15과 복습

64쪽

❶ 庭 ❷ 現 ❸ 路 ❹ 各 ❺ 題
❻ 術 ❼ 愛 ❽ 目 ❾ 定 ❿ 行

65~66쪽

1. 각자 2. 도로 3. 현재 4. 안정 5. 가정 6. 애용 7. 제목

8. 주목 9. 행동 10. 의술 11. 나타날 현 12. 재주 술
13. 사랑 애 14. 제목 제 15. 自然 16. 午前 17. 大門
18. 安心 19. ③ 入 20. ① 冬 21. ② 道 22. ③ 話
23. ③ 行 24. ⑤ 南 25. ③ 畫 26. ① 正
27. 사람이나 차가 다니는 길 28. 각각의 자기 자신
29. ⑪ 열한 번째 30. ⑩ 열 번째

총정리 04 16~20과 복습

83쪽

❶ 根 ❷ 短 ❸ 球 ❹ 昨 ❺ 銀
❻ 頭 ❼ 作 ❽ 失 ❾ 公 ❿ 共

84~85쪽

1. 지구 2. 근본 3. 작금 4. 두각 5. 단신 6. 작년 7. 공공
8. 은행 9. 실수 10. 동작 11. 어제 작 12. 뿌리 근 13. 머리 두
14. 공구 15. 市場 16. 姓名 17. 世上 18. 時間 19. ③ 長
20. ① 足 21. ② 同 22. ① 文 23. ① 作 24. ⑥ 短
25. ② 空 26. ④ 九 27. 지난해
28. 길고 짧음 29. ⑧ 여덟 번째 30. ⑩ 열 번째

총정리 05 21~25과 복습

102쪽

❶ 始 ❷ 飮 ❸ 身 ❹ 使 ❺ 死
❻ 病 ❼ 醫 ❽ 例 ❾ 號 ❿ 者

103~104쪽

1. 시작 2. 음식 3. 명의 4. 생사 5. 사명 6. 심신 7. 신호
8. 병약 9. 사례 10. 기자 11. 의원 의 12. 법식 례
13. 마실 음 14. 이름 호 15. 王室 16. 入口
17. 祖上 18. 海軍 19. ① 生 20. ② 心
21. ① 數 22. ② 名 23. ③ 死 24. ② 醫
25. ① 死 26. ② 音 27. 의원의 재주
28. 병을 앓고 있는 사람 29. ⑪ 열한 번째 30. ⑥ 여섯 번째

모의시험 01회

110~113쪽

1. 가문	2. 각자	3. 고언	4. 공동
5. 공간	6. 구장	7. 금은	8. 내면
9. 단명	10. 도서	11. 도술	12. 동물
13. 두목	14. 예외	15. 만물	16. 민심
17. 발전	18. 백주	19. 불복	20. 사자
21. 서화	22. 수은	23. 시조	24. 신세
25. 은행	26. 의외	27. 일례	28. 정주
29. 지구	30. 하복	31. 행군	32. 현물
33. 화두	34. 믿을 신	35. 뿌리 근	36. 머리 두
37. 비로소 시	38. 사랑 애	39. 노래 가	40. 사귈 교
41. 뜻 의	42. 기 기	43. 오를 등	44. 매양 매
45. 글 서	46. 마실 음	47. 곧을 직	48. 쉴 휴
49. 한가지 공	50. 공 구	51. 급할 급	52. 남녘 남
53. 농사 농	54. 짧을 단	55. 움직일 동	56. 午前
57. 敎育	58. 兄弟	59. 入口	60. 左右
61. 老人	62. 自然	63. 四方	64. 市場
65. 安心	66. 生命	67. 工場	68. 登山
69. 電氣	70. 每日	71. 時間	72. 室內
73. 同時	74. 數學	75. 父母	76. ④ 足
77. ② 短	78. ① 弟	79. ③ 畫	80. ② 同
81. ④ 夏	82. ② 死	83. ⑧ 中	84. ② 畫
85. ① 場	86. ③ 短身	87. ① 名醫	

88. ⑦ 일곱 번째   89. ⑨ 아홉 번째

90. ⑤ 다섯 번째

모의시험 02회

114~117쪽

1. 가정	2. 간언	3. 공공	4. 공유
5. 교가	6. 군가	7. 급행	8. 농가
9. 단신	10. 도장	11. 독서	12. 동작
13. 등기	14. 노면	15. 명목	16. 민의
17. 발현	18. 병고	19. 사례	20. 사력
21. 선두	22. 시발	23. 시계	24. 실수
25. 음식	26. 의중	27. 일정	28. 제목
29. 지도	30. 학급	31. 행동	32. 호외
33. 화공	34. 설 립	35. 병 병	36. 잃을 실
37. 기를 육	38. 여름 하	39. 나타날 현	40. 이름 호
41. 꽃 화	42. 살 활	43. 각각 각	44. 셀 계
45. 쓸 고	46. 그림 도	47. 올 래	48. 길 로
49. 하여금 사	50. 심을 식	51. 의원 의	52. 어제 작
53. 뜰 정	54. 무거울 중	55. 내 천	56. 午後
57. 祖上	58. 百姓	59. 姓名	60. 海軍
61. 後記	62. 直立	63. 植物	64. 中心
65. 所重	66. 秋夕	67. 白旗	68. 世上
69. 生物	70. 出口	71. 算數	72. 手足
73. 市內	74. 江山	75. 安住	76. ② 夏
77. ③ 少	78. ③ 活	79. ① 敎	80. ② 章
81. ① 計	82. ⑤ 靑	83. ③ 發	84. ④ 死
85. ② 音	86. ③ 書畫	87. ⑥ 醫術	

88. ⑦ 일곱 번째   89. ⑩ 열 번째

90. ⑧ 여덟 번째

※ 답안지는 컴퓨터로 처리되므로 구기거나 더럽히지 마시고, 정답 칸 안에만 쓰십시오.
  글씨가 채점란으로 들어오면 오답 처리됩니다.

01회 모의 한자능력검정시험 6급-1권 답안지(1) (시험시간:50분)

번호	정답	1검	2검	번호	정답	1검	2검	번호	정답	1검	2검
1				15				29			
2				16				30			
3				17				31			
4				18				32			
5				19				33			
6				20				34			
7				21				35			
8				22				36			
9				23				37			
10				24				38			
11				25				39			
12				26				40			
13				27				41			
14				28				42			

감독위원	채점위원(1)		채점위원(2)		채점위원(3)	
(서명)	(득점)	(서명)	(득점)	(서명)	(득점)	(서명)

※ 뒷면으로 이어짐

01회 모의 한자능력검정시험 6급-1권 답안지(2)

번호	정답	1검	2검	번호	정답	1검	2검	번호		1검	2검
43				59				75			
44				60				76			
45				61				77			
46				62				78			
47				63				79			
48				64				80			
49				65				81			
50				66				82			
51				67				83			
52				68				84			
53				69				85			
54				70				86			
55				71				87			
56				72				88			
57				73				89			
58				74				90			

수험번호 □□□-□□-□□□□ 성명 □□□□□

생년월일 □□□□□□ ※ 주민등록번호 앞 6자리 숫자를 기입하십시오.

※ 성명은 한글로 작성
※ 필기구는 검정색 볼펜만 가능

※ 답안지는 컴퓨터로 처리되므로 구기거나 더럽히지 마시고, 정답 칸 안에만 쓰십시오.
　글씨가 채점란으로 들어오면 오답 처리됩니다.

02회 모의 한자능력검정시험 6급-1권 답안지(1) (시험시간:50분)

번호	정답	1검	2검	번호	정답	1검	2검	번호	정답	1검	2검
	답안란	채점란			답안란	채점란			답안란	채점란	
1				15				29			
2				16				30			
3				17				31			
4				18				32			
5				19				33			
6				20				34			
7				21				35			
8				22				36			
9				23				37			
10				24				38			
11				25				39			
12				26				40			
13				27				41			
14				28				42			

감독위원	채점위원(1)		채점위원(2)		채점위원(3)	
(서명)	(득점)	(서명)	(득점)	(서명)	(득점)	(서명)

※ 뒷면으로 이어짐

02회 모의 한자능력검정시험 6급-1권 답안지(2)

번호	정답	1검	2검	번호	정답	1검	2검	번호		1검	2검
43				59				75			
44				60				76			
45				61				77			
46				62				78			
47				63				79			
48				64				80			
49				65				81			
50				66				82			
51				67				83			
52				68				84			
53				69				85			
54				70				86			
55				71				87			
56				72				88			
57				73				89			
58				74				90			

 太 클 태	交 사귈 교	言 말씀 언	信 믿을 신	訓 가르칠 훈
讀 읽을 독	計 셀 계	音 소리 음	意 뜻 의	章 글 장
古 예 고	苦 쓸 고	書 글 서	晝 낮 주	畫 그림 화
圖 그림 도	急 급할 급	級 등급 급	服 옷 복	發 쏠 발
目 눈 목	現 나타날 현	行 다닐 행	術 재주 술	各 각각 각

125

그림으로 복습하는 6급 한자 - 1권

路
길 로

愛
사랑 애

庭
뜰 정

定
정할 정

題
제목 제

作
지을 작

昨
어제 작

根
뿌리 근

銀
은 은

頭
머리 두

短
짧을 단

失
잃을 실

球
공 구

公
공평할 공

共
한가지 공

病
병 병

醫
의원 의

死
죽을 사

例
법식 례

始
비로소 시

飮
마실 음

身
몸 신

者
놈 자

使
하여금 사

號
이름 호

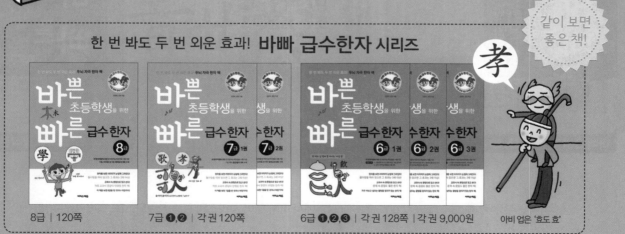

바빠쌤이 알려 주는 '바빠 영어' 시리즈
바빠 영어 초등 학습 로드맵

※ '바빠 공부단 카페(cafe.naver.com/easyispub)'에서 바빠 영어 시리즈의 학습 자료와 지도 팁을 확인하세요!